D0645599

Du même auteur:

Le Banquier philosophe, Le Dauphin Blanc, 2002

Les 7 clefs du Banquier philosophe, Livre-audio, Coffragants, 2002

Sois ton meilleur actif!

Les 7 clés du succès d'un banquier devenu philosophe

Données de catalogage avant publication (Canada)

Poulin, Pierre-Luc, 1962-

Sois ton meilleur actif! – Les 7 clés du succès d'un banquier devenu philosophe

(Collection Inspiration)

ISBN 2-89436-109-2

1. Succès - Aspect psychologique. 2. Succès - Aspect psychologique - Citations, maximes, etc. 3. Succès - Aspect psychologique - Problèmes et exercices. I. Titre. II. Collection.

BF637.S8P683 2004 158.1 C2003-942204-6

Nous reconnaissons l'aide financière du Gouvernement du Canada par l'entremise du programme d'aide au développement de l'édition (PADIÉ) pour nos activités d'édition.

Nous remercions la Société de Développement des Entreprises Culturelles du Québec (SODEC) pour son appui à notre programme de publication.

Photographie à l'endos: Lisette Deshaies

Infographie: Caron & Gosselin

Mise en pages: Composition Monika, Québec

Éditeur: Éditions Le Dauphin Blanc
C.P. 55, Loretteville, Qc, G2B 3W6
Tél.: (418) 845-4045 – Fax (418) 845-1933
Courriel: *dauphin@mediom.qc.ca*

ISBN 2-89436-109-2

Dépôt légal: 4e trimestre 2003
Bibliothèque nationale du Québec
Bibliothèque nationale du Canada

Imprimé au Canada

Pierre-Luc Poulin

Sois ton meilleur actif!

Les 7 clés du succès d'un banquier devenu philosophe

Le Dauphin Blanc

Avant-propos

Tout débute par une prise de conscience !

Je classais les trouvailles que ma fille Audrey et moi avions ramassées sur les berges du fleuve Saint-Laurent tout près de l'île d'Orléans. Au milieu de toutes ses roches, ma fille avait ramassé, sans s'en rendre compte, un gland de chêne. Je le plaçais dans la bibliothèque de sa chambre lorsque j'ai entendu le chant d'un oiseau perché dans un arbre près de la maison. Je crois que c'était un rouge-gorge. De toute façon, mon attention n'a pas été dirigée vers l'oiseau, mais vers l'arbre qui l'abritait. C'était un chêne immense et majestueux.

Il y a eu alors comme un éclair dans ma tête. Un lien s'était fait, une sorte d'image sortie de nulle part : le gland que je venais de déposer sur une tablette ne deviendrait jamais un chêne majestueux. Le maximum qu'il réussirait à faire serait d'accumuler de la poussière et de terminer son court voyage dans le fond d'une boîte lorsque nous ferions le ménage!

Un chêne dans le fond d'un placard: tout ce potentiel sur une tablette!

Gurrp! Je venais de prendre conscience qu'un si beau potentiel traînait sur une tablette...

J'avais maintenant deux choix: j'ignorais ce sentiment de culpabilité et toute cette histoire ou je trouvais un moyen pour faire grandir ce futur chêne. Si j'ignorais ce sentiment, qui le saurait? Personne! Tout s'était passé très rapidement dans ma tête. Je n'avais rien dit à personne, et de toute façon, on m'aurait regardé avec un drôle d'air si j'avais divagué comme cela! J'oubliais ce sentiment et hop! aucun autre effort à fournir. C'était assez tentant de tout oublier! L'oiseau, la tablette, le chêne, le gland... allez hop! À la poubelle des pensées oubliées...

Mon deuxième choix me demandait plus d'implication. Tout d'abord, il fallait que j'explique à Audrey: «Tu sais Audrey, cette roche que tu as ramassée, ce n'est pas une roche, c'est un gland. Ce gland peut devenir un chêne. Si nous le laissons sur ta tablette dans ta chambre, il ne pourra jamais devenir ce qu'il est vraiment au fond de lui-même. »

Ensuite, il me faudrait trouver un endroit pour le mettre en terre. Un endroit où j'étais certain qu'il aurait le potentiel pour grandir, se développer, devenir un des siens. Il me fallait idéalement trouver un endroit où il y avait déjà des chênes matures, ce qui m'aurait rassuré en ce qui concerne le sol et sa teneur en minéraux essentiels pour sa croissance. Il m'aurait fallu le visiter de temps à autre afin de m'assurer que tout se passait bien.

Devant ces choix, j'ai pris le plus facile. J'ai ignoré l'existence du gland. Je ne sais même plus où il se trouve maintenant. Je ne peux plus rien y changer. Il y a un chêne de moins sur cette Terre.

Un potentiel extraordinaire ne s'est jamais développé... Et j'en suis conscient.

Tu trouves sans doute que j'exagère et que je fais bien du sentimentalisme pour un arbre qui n'est même pas encore né en plus ! Et si ce gland était une personne que j'ai rencontrée ? Et si cette personne venait d'être remerciée par son employeur, qu'elle se voyait mise au rancart ? Et si cette personne possédait un potentiel extraordinaire ? Est-ce que ton opinion serait la même ?

Cette pensée m'a beaucoup troublé au cours des dernières années. J'ai côtoyé toutes sortes de gens. Certains se développent de manière harmonieuse et ont conscience de leur valeur. D'autres par contre vivent des difficultés d'adaptation à leur environnement ou n'ont pas encore pris conscience de qui ils sont véritablement. Tu sais, le genre de personne qui n'est pas heureuse à son travail et qui fait du temps, qui compte le nombre de jours qu'il lui reste à travailler avant sa retraite... Chaque fois que je rencontre quelqu'un qui ne se sent pas à sa place, je pense au gland sur la tablette...

Ce livre est ma modeste contribution au développement du potentiel qui sommeille en chacun de nous, ma façon de mettre les glands en terre, si tu veux! Bonne lecture!

Si un gland devient un chêne,
Si une chenille devient un papillon,
Que deviendra le potentiel
qui sommeille en vous?

Introduction

Pourquoi un enseignement qui porte sur des clés ?

Imagine que tu es dans une pièce fermée où se trouve un coffre-fort, le coffre le plus fort, le plus sécuritaire sur Terre. Tout à coup une petite voix te dit : « Tout ce qui s'y trouve est à toi ! » Tu scrutes l'intérieur du coffre-fort et tu y découvres des millions de dollars, des bijoux, des tiroirs de rangement sur lesquels tu peux lire : Talents, Expérience, Santé... Tu te prends à imaginer tout ce que tu pourrais accomplir avec cette richesse... mais il y a un hic ! Tu es enfermé dans ce coffre-fort et tu ne peux en sortir. Tu cries mais personne ne t'entend. Tu lis une inscription sur la porte : **Cette porte ne s'ouvre que de l'intérieur. Personne ne peut, par quelque moyen que ce soit, ouvrir cette porte de l'extérieur**. J'imagine que tu chercherais un moyen de sortir. Tu chercherais la clé, non ?

Une clé produit un déclic. C'est un outil. Une clé sert à ouvrir, à débarrer, à se sortir plus facilement d'une situation ou à franchir un obstacle qui te bloque la route. Une clé peut ouvrir une porte... ou un coffre aux trésors. Elle t'offre des millions de possibilités.

Une clé peut aussi servir à fermer, à verrouiller, à protéger. Tout dépend de ton intention. Est-ce mal de vouloir se protéger? Est-ce mal de vouloir mettre ton bien à l'abri? Pour un banquier, les deux rôles se complètent. Un banquier peut prêter de l'argent à une personne dans le besoin. L'instant suivant, il peut placer en sécurité l'argent d'une personne qui en a trop.

Il en va de même pour sa voûte, et bien entendu de la tienne!

Première clé : découvre ton principal actif : Toi !

« Ce que je suis est le cadeau que Dieu m'a fait.
Ce que j'en fais est le cadeau que je fais à Dieu »

Robert H. Schuller

Tu possèdes en toi un coffre-fort dans lequel tu caches tes biens les plus précieux afin d'éviter de te les faire voler, briser, piller. C'est un endroit merveilleux. Le piège, c'est d'en fermer la voûte... et d'oublier où tu as remisé les clés ! Si tu as eu mal dans le passé, tu t'es refermé. C'était une saine réaction de protection, mais aujourd'hui, est-ce encore nécessaire? Prends le temps de regarder tout ce que tu possèdes, tout ce que tu as acquis et demande-toi comment tu peux en faire bénéficier les autres... ainsi que toi-même!

La bourse des opinions... ou la loi de l'offre et de la demande!

Je suis toujours surpris par l'importance que l'on accorde à ce que les autres pensent. Nous avons souvent tendance à faire plus confiance aux autres qu'à nous-mêmes. Est-ce si surprenant que nous ayons de la difficulté à nous accorder de la valeur? Si tu n'as aucune idée de qui tu es, tu es soumis constamment au jugement des autres, à la bourse des opinions. Cette bourse fonctionne comme la vraie bourse économique où se transigent les actions, celle où des compagnies comme Nortel ont vu le prix de leurs actions chuter de 123.10 $ à 0.75 $ en un peu plus de deux ans!

Pour toi, ça peut être la même chose! Si les gens qui t'entourent te jugent et décident que tu ne vaux pas cher, ta valeur à leurs yeux est en baisse. Au contraire, si l'opinion d'autrui t'est très favorable, on dira que tu vaux de l'or. En réalité, tu es qui tu es. Ni plus, ni moins. Que l'on te dise que tu vaux plus ou moins ne change absolument rien à tes qualités ni à ton être.

Par contre, si tu te laisses affaiblir par ceux qui te détruisent, tu finiras par ressembler à l'image qu'ils projettent sur toi. Et le contraire est vrai. Moins tu te connaîtras, plus tu seras tenté de croire ce que tout le monde racontera sur toi. Plus tu seras sûr de toi, plus tu les laisseras s'exprimer, et tu souriras de leurs propos.

L'investisseur le plus célèbre de tous les temps, Warren Buffett, mentionne souvent qu'il est bon de se tenir loin de la bourse. Il dit que c'est une machine à voter qui est cyclothymique ! Lorsqu'il possède une entreprise à 100 %, il n'a besoin de l'aide de personne pour se faire dire ce qu'elle vaut. Pourquoi alors se fier à une bourse pour se faire dire la valeur de nos investissements ? Sa sagesse est légendaire et il réussit là où plusieurs se sont cassés les dents. Sa force première est de s'écouter et de faire ses devoirs pour se convaincre du bien-fondé de ses investissements. Pourquoi ne pas adopter la même attitude envers toi ? Laisse parler ceux qui t'entourent et prends le temps d'évaluer ta valeur.

Mais se connaît-on? Si je te demande: quelles sont tes forces? Combien vaux-tu? Quelles sont tes qualités? Qu'est-ce qui te rend unique? Pourquoi devrais-je t'engager? Te marier? Être ton ami?

La première chose qu'un banquier demande à son client est son bilan. Il va le regarder ligne par ligne. Il va le questionner. Il va se demander si le chiffre qui est indiqué en bout de ligne est le bon. Quelle est la méthode comptable qui a servi à trouver ce chiffre? En affaires, les compagnies font souvent confiance à des experts afin d'évaluer la valeur de leurs actifs. Et toi? Sur qui devras-tu te fier pour trouver ta propre valeur? Un petit conseil: cherche ta valeur en toi. N'attends pas que les autres te disent qui tu es ni ce que tu vaux. Personne ne le saura jamais mieux que toi.

L'attitude, c'est le regard, la méthode comptable avec laquelle tu vas t'examiner et t'évaluer. Est-ce que tu te surévalues ou est-ce que tu te sous-évalues? Comment te parles-tu intérieurement? Si les autres te font des compliments, comment les prends-tu? Es-tu jaloux du succès des autres? Les envies-tu? As-tu l'impression que les autres possèdent des qualités que tu ne possèdes pas ? Certaines firmes comptables vont recommander à leurs clients de changer de méthode d'évaluation afin d'améliorer leur bilan et ainsi donner une meilleure image d'elles-mêmes. Si les compagnies poussent certaines méthodes à la limite, cela devient de la fraude, de la fausse représentation. Mais entre les deux, entre la sous-évaluation systématique et la surévaluation infatuée, peux-tu trouver le juste milieu ?

J'entends une question : pourquoi est-ce si important de connaître sa valeur ? Imagine ceci : une compagnie possède un compte en banque de 10 000 $ pour son fonds de roulement. Mais elle ignore l'existence d'un autre compte dans lequel il y a 500 000 $! Il y a quelques années, le comptable de cette compagnie trouvait que trop d'argent se trouvait dans un seul compte, dans une seule banque. Il a donc voulu diversifier les avoirs de la compagnie et il a ouvert un autre compte dans une banque concurrente. Mais voilà, le comptable ne travaille plus pour la compagnie, il a pris sa retraite... et il a omis de dire à son remplaçant qu'il avait fait ce changement. Demain, un des gestionnaires prévoit aller à sa banque pour emprunter 250 000 $, somme rondelette qu'il est persuadé ne pas avoir en main. Te rends-tu compte de l'ironie ? La compagnie a déjà l'argent en main mais elle l'ignore ; elle est donc obligée d'emprunter, et de payer des intérêts par surcroît !

Par analogie, se pourrait-il que tu aies, en toi, un compte en banque caché ? Des talents que tu n'as jamais exploités ou que tu as cessé d'exploiter ? Tu cherches peut-être ailleurs quelque chose que tu possèdes déjà en toi. Ne fais pas comme les gestionnaires de cette compagnie qui ignorent ce qu'ils possèdent. Ce ne sont pas de bons gestionnaires. Toi, par contre, sois un bon gestionnaire pour ta compagnie : toi !

Afin de se différencier, les compagnies tentent de se trouver une « niche » de marché. Elles analysent leurs forces et leurs faiblesses, puis elles se donnent une direction. « Quels sont les services que nous rendons à nos clients qu'aucun de nos compétiteurs n'est en mesure d'offrir ? » Tu possèdes une qualité unique, un talent. Ce trésor est caché en toi. Sache le reconnaître afin d'en tirer profit, de le partager. En affaires, il est prouvé que si une compagnie réussit à se démarquer de la compétition, les gens s'en souviennent plus facilement. Ils sont prêts à payer plus cher pour ses produits, car ils perçoivent une plus-value. Il te faut donc activer ton département de « Recherche et développement » !

Imagine que le gland d'un chêne possède un cerveau. Imagine qu'il soit en mesure de penser et de se comparer. Imagine qu'il regarde un chêne majestueux et qu'une petite voix lui souffle dans son oreille : *Un jour, tu deviendras aussi grand et aussi fort que cet arbre...* Imagine maintenant que le gland se voit dans un miroir ! Il aurait sûrement une attaque ! *Je n'arriverai jamais à ressembler à cet arbre ! Je n'ai pas de racines ni de branches. Cette petite voix va me rendre fou !* Je suppose que ce doit être pour cette raison que les glands de chêne n'ont pas de cerveau...

Mais toi, tu as un cerveau. Et tu as sans doute une petite voix qui te dit que tu es capable de réaliser tes rêves. Aie confiance, comme la semence qui se laisse planter en terre et que la Vie transforme et aide à devenir un arbre. Écoute ta sagesse intérieure et ne te juge pas trop sévèrement. Tu pourrais être surpris... de la branche dans laquelle tu vas évoluer plus tard !

Sans le gland, il ne peut y avoir de chêne. Sans capital, il ne peut y avoir de rendement ni d'investissement. Il n'y a pas de banquier ni de système bancaire. Il n'y a aucun échange possible. Sans l'acceptation de ta propre valeur, il ne peut y avoir de croissance, d'échange, de réalisation de toi. Apprends à accepter qui tu es. Fais-le profiter.

Apprends à ouvrir ton potentiel lorsque c'est le temps, et à le refermer lorsque c'est également le temps. Il y a un temps pour tout. Un temps pour parler, un temps pour écouter. Un temps pour divulguer, un temps pour cacher. Tu réalises que tu as beaucoup de potentiel? Tu es enthousiaste à l'idée de nouvelles possibilités? Peut-être vaut-il mieux ne pas ébruiter cette nouvelle! Les opinions contraires peuvent faire surface et te décourager! Apprends les vertus du silence. Apprends également les vertus des vrais amis, la race de ceux qui veulent ta réussite et qui t'appuient.

Si tu étudies le bilan d'une entreprise tu y trouveras un inventaire de ce qu'elle possède par catégories d'actifs : actifs à court terme : encaisse, placements, inventaires ; actifs à long terme : équipements, immobilisations, propriétés intellectuelles, *marques de commerce.*

Tu as bien lu : *marque de commerce.* C'est un actif dans un bilan d'entreprise... du moins pour celle qui en a pris soin. Connais-tu la marque de commerce la plus « valorisée » au monde ? ***Coca-Cola*** ! Parmi tous les produits que tu peux imaginer, la marque qui vaut le plus cher au monde sert à vendre de l'eau sucrée avec des bulles ! **70 milliards de dollars américains** est la valeur estimée de ce que vaut la propriété de Coca-Cola. Pourquoi vaut-elle si cher ? Tout le marketing qui a été fait à son sujet, sa réputation, la mise en valeur etc. tout ceci a profité au fil des ans.

Et si tu faisais la même chose ? Et si tu mettais en valeur ta marque de commerce ? Annonce tes couleurs. Prends l'initiative de te développer, de foncer vers de nouveaux horizons. N'aie pas peur d'apprendre, de te mettre en valeur.

Utilise tes erreurs comme une compagnie utilise son département de «recherche et développement»! Savais-tu que la plupart des grandes compagnies investissent des millions de dollars par année en recherche et développement de nouveaux produits? Elles inscrivent ces montants à l'actif de leur bilan. Elles voient d'un bon œil le fait de dépenser pour devenir meilleur, à l'avant-garde.

Tu peux diviser ton bilan en sept secteurs ou catégories différentes:

Le physique. C'est ton corps, ta vitalité, ta santé, ton apparence. C'est un actif dont tu dois t'occuper. Il coûte assez cher à restaurer si tu n'y fais pas attention! Tu es donc mieux de prévenir. Fournis-lui un bon carburant. Sois doux avec lui, accorde-lui du repos au besoin. Tu n'as qu'un seul véhicule pour faire ton voyage. Il n'y a pas de garantie de remplacement de la part du fabricant. Tu ne peux pas acheter des pièces de rechange!

Mes parents me répétaient *ad nauseam*: «Tu es en santé, ça n'a pas de prix!» Plus je vieillis, plus j'observe autour de moi... plus je trouve qu'ils disaient juste. Tu es en bonne santé? Tu es déjà millionnaire! Tu es malade?

Écoute ton corps. Écoute son murmure. Prends le temps de respirer et d'apprécier ce qui est là, en toi.

Une deuxième catégorie est le **mental**: ta capacité de penser, d'imaginer, de te souvenir. Tu peux créer dans ta tête. Réalise ceci: tout ce que tu vois, touches et utilises, a d'abord germé comme une idée dans la tête, dans l'esprit, dans le mental d'une personne. La chaise sur laquelle tu es assis présentement, la lumière qui t'éclaire, la maison où tu habites... toutes les inventions humaines sont d'abord apparues sur l'écran mental de l'imagination d'une personne. Qu'as-tu créé avec ton mental jusqu'à maintenant? Quelles sont les images qui te viennent à l'esprit présentement? Que vas-tu créer au cours des prochaines années? Que fais-tu pour nourrir et entretenir ton mental? En prends-tu soin? Te rends-tu compte de sa valeur?

Une troisième catégorie est la **famille**. Ce sont tes parents, biologiques ou adoptifs. Ce sont tes frères et sœurs, de sang ou d'amitié. Ce sont tes enfants, de ton sang ou de ton cœur. Partout où nous allons, nous nous recréons une famille. Elle est d'une grande valeur. Imagine un instant que tu perds un membre de ta famille. Tu réalises immédiatement à quel point tu y tenais. Je sais que tu comprends si cela t'est arrivé. Que fais-tu pour maintenir la valeur de cet actif formidable? Prends-tu soin de tes relations?

La question a été posée à des milliers de personnes: que feriez-vous s'il vous restait 24 heures à vivre? Elles ont presque toutes répondu: «je voudrais être en compagnie de ma famille, de mes proches. Je leur dirais combien je les aime et que je les apprécie.»

Pas une seule n'a mentionné qu'elle irait faire des heures supplémentaires au bureau...

Quatrième catégorie d'actifs: la **finance!** Enfin, une catégorie qui se compte facilement! Un million, deux millions... Es-tu riche ou pauvre? D'un côté, tu as des moyens pour réaliser tes ambitions; d'un autre, tu as des défis à relever et les fins de mois te tiennent réveillé et aux aguets! Si tu ne contrôles pas tes finances, elles vont te contrôler. Si tu n'apprécies pas le monde financier, il risque de te contrôler. Apprivoises-en le langage. Apprivoises-en les principes. Renseigne-toi. Engage des professionnels compétents afin de t'appuyer. La finance est un des aspects de la Vie. Ce n'est pas le seul, il n'est pas le plus important, mais il n'est pas à dédaigner car ce n'est pas le moins important.

Avoir des actifs financiers permet de réaliser des rêves. Si tu possèdes des ressources matérielles, tu peux aider d'autres personnes. Tu peux t'instruire, te réaliser. Si tu en possèdes peu, tu te dois d'emprunter, de demander, de créer. Tu dois te mettre en mouvement. Cela t'obligera donc à augmenter ta valeur!

L'adage populaire dit: «L'argent ne fait pas le bonheur»... Il ne fait pas le malheur non plus! Un vieux sage disait: «L'argent ne change pas les hommes... il les démasque!». Alors demande-toi: si tu avais plus d'argent, que changerais-tu?

Cinquième catégorie: ta vie **professionnelle.** Savais-tu que tu possédais un don particulier? Tu as en toi une capacité qui t'est spécifique. Tu l'as peut-être déjà découverte. Tu es attiré par une profession, un métier? Tu te sens utile et bien dans certaines fonctions? Tu es payé pour travailler. Mais si tu travailles bénévolement, as-tu une valeur? Certainement! Ton salaire devient alors le sourire de ceux que tu aides, le sentiment du devoir accompli, etc. Les études, les diplômes, l'expérience acquise au fil des ans, tout ceci a une grande valeur.

Sixième catégorie : **ta vie sociale !** Tu es continuellement en contact avec d'autres personnes. Elles t'aident à t'accomplir. Elles te fournissent des occasions de grandir. Elles t'offrent tour à tour leur appui (leurs oreilles) et des défis (elles te parlent de leurs problèmes !) Peux-tu imaginer une vie de solitude absolue ? Personne avec qui partager ? Personne à qui raconter tes journées ? Personne à aider ou pour t'aider ? Fais une liste de tous ceux que tu connais. Remarque leur importance dans ta vie. Peut-on indiquer une valeur à l'amitié ? Peux-tu acheter de vrais amis, de vrais complices ?

Septième catégorie : ta **spiritualité**. Comment peux-tu faire l'inventaire de ta spiritualité ? Dans un bilan de compagnie, nous serions définitivement dans les éléments très intangibles. Nous parlerions de « culture d'entreprise ». Tu auras beau posséder un physique pétant de santé, un million dans ton compte en banque, être un professionnel très en vue dans ta communauté, être un leader et avoir un réseau d'amis qui se comptent par centaines... si la spiritualité est totalement absente de ta vie, un jour ou l'autre une épreuve arrivera qui te fera poser une éternelle question : pourquoi ? Pourquoi moi ? Pourquoi cet événement ? Quel est le sens de tout ceci ?

Tu t'es jusqu'à maintenant bâti un cadre de référence spirituel afin de faire face à la vie. Tu pratiques sans doute une religion. Tu as peut-être également traversé certaines épreuves qui ont fait de toi quelqu'un de plus « solide », de plus philosophe. C'est un actif pour toi, et ça compte.

Tes expériences passées et tes leçons de vie, les perçois-tu comme des dépenses inutiles de ton temps ou comme la recherche et le développement de ton être ? Vois-le ainsi : il n'y a qu'une lettre de différence entre Avoir et Savoir. Ce que tu sais, tu le possèdes !

Les investisseurs boursiers le savent bien : il faut acheter quand la valeur est à la baisse et vendre quand elle est en hausse. Facile à dire ! Comment transposer cette leçon pour la gestion de ton capital ? Sois à l'écoute. Écoute le marché des opinions et ne te laisse pas séduire ou emporter. Dans la langue de Molière, on parle des forces qui régissent les marchés en disant *« Fear and greed drive the market. »* La peur et l'appât du gain sont les forces qui contrôlent et font bouger les marchés. Sous l'influence de ces deux forces, des quantités faramineuses de transactions sont effectuées. Tout le monde se concentre sur la bourse, les opinions. Les vraies valeurs sont oubliées. Tu vis dans un monde en changement, en mouvement. Tu es constamment en train de lire, de regarder ou d'écouter les opinions des autres. Sois conscient de leur impact sur ta propre valeur et sache faire la différence entre le monde extérieur et le monde intérieur.

Si le gland d'un chêne poussait tout juste à côté d'un pissenlit, que se passerait-il ? À leurs débuts, ils se regarderaient grandir, et probablement qu'il y aurait une certaine ressemblance. Avant même qu'ils ne sortent la tête de la terre, ils auraient des racines et un début de tige.

Peut-être même que le pissenlit se développerait plus rapidement que le futur chêne ! Irait-il jusqu'à le narguer ? Mais, dix ans plus tard... Vois-tu l'image ? Crois en toi, en qui tu es. Ne laisse pas les autres te dicter ta valeur, te dire ce que tu vaux. Ils ne le sauront jamais.

Le positif et le négatif, le plus et le moins ; en comptabilité ce principe est appelé : le débit et le crédit. Tu as des qualités positives et des qualités négatives. Tu aimes plus certains de tes traits, et tu pourrais te passer de certains autres. En es-tu si sûr ? Une compagnie doit faire des chèques (crédit) pour acheter ce qu'elle veut. Elle doit emprunter pour investir. Tu dois te fâcher pour être compris quelquefois. Tu dois être impatient si tu veux arriver à tes fins. Si tu es toujours trop bon, tu deviens « bonasse » et tout le monde abuse de toi. Si tu es trop dur, personne ne veut faire des affaires avec toi. Les qualités et les défauts se balancent. Comment te vois-tu ? Quelles sont tes qualités positives (débit) et négatives (crédit) ? Comment peux-tu profiter de ces deux polarités ?

Un jour, j'ai rencontré un conférencier international. Il avait donné des conférences dans plus de 38 pays à travers le monde, six continents! Je suis allé le rencontrer à sa maison. Nous avons discuté pendant un bon moment de tous ses exploits. J'étais impressionné par la feuille de route de cet individu. Puis il s'est penché vers un petit coffre-fort. Il en a sorti une centaine de lettres. Toutes des lettres concernant l'appréciation que les participants à ses séminaires lui avaient écrites. «Si je passe au feu ou que je me fais voler, je peux tout remplacer (il me montrait tous les meubles dans sa maison), mais je ne pourrais jamais remplacer ces lettres que j'ai reçues au fil des ans. C'est le bien «matériel» le plus précieux que je possède. As-tu un coffre aux trésors? Non? Tu devrais t'en construire un...»

Les lettres, les mots, les photos de nos voyages, de nos rencontres, agissent souvent comme des étoiles dans le ciel. Elles nous guident la nuit. Quand tout va pour le mieux, quand le soleil est au beau fixe, prends le temps de savourer et de remplir ton coffre aux trésors.

Pour comprendre la réelle valeur d'une chose, il suffit de s'imaginer que l'on peut en être privé.

Je ne paie pas pour l'air que je respire, et pourtant il a une grande valeur. Je ne paie pas pour le soleil qui se lève et me réchauffe à chaque jour, et pourtant il a une grande valeur. La capacité de gagner économiquement notre vie est une valeur. Mais elle ne doit pas devenir l'unique critère par lequel nous jugeons les gens, par lequel nous nous jugeons nous-mêmes.

L'être humain n'a pas de prix. Chacun est d'une rareté exceptionnelle. Chaque être joue un rôle dans le théâtre de la Vie. Chaque être possède une clé qui ouvre des portes. Elles sont en nous ces clés. Mais elles sont bien cachées !

« La qualité de votre vie est basée
sur la qualité des questions
que vous vous posez quotidiennement. »

John F. Demartini

Une clé qui sert à BARRER ta porte !

Donc, tu possèdes en toi un coffre aux trésors. Et une clé pour ouvrir la porte de tes talents, en prendre conscience, faire l'inventaire et les mettre en valeur... Pourquoi ne déciderais-tu pas de tout fermer à clé ? Tu ne dis à personne qui tu es vraiment. Tu te renfermes en toi et tu te dénigres. Tu refuses ta valeur. Tu t'embarres à double tour, en sachant que personne ne pourra venir te chercher. Tu te protèges. C'est la force de cette clé. Personne ne peut aller là où tu ne l'y as pas autorisé. C'est sécurisant de savoir cela. En tout temps, tu peux refermer ta porte et te sauver dans ton monde intérieur.

Observe la Banque fonctionner. Le matin, elle ouvre la voûte. Tous ses clients viennent y faire des dépôts ou des retraits. Les employés de la Banque ont accès au coffre, ainsi que certains clients privilégiés qui y déposent de grandes valeurs. En fin de journée, à la fermeture des opérations, la voûte est refermée à clé. La Banque s'accorde une période de repos, de récupération. Tous les clients et les employés savent que tout est en sécurité et que demain (à moins que ce ne soit une journée fériée !) la Banque ouvrira à nouveau sa voûte.

Tu as le pouvoir d'agir ainsi. Tu peux être ouvert une partie de la journée, de la semaine ou du mois, et puis, selon tes sentiments, tu peux te refermer afin de faire le plein, de faire le point. Tu as le droit et même l'obligation de le faire. Parce qu'il ne faut jamais l'oublier : tu es l'actif le plus important que tu possèdes... et tu te dois d'en prendre soin !

QUESTIONS CLÉS :

Qui suis-je ?

D'où est-ce que je viens ?

Où vais-je ?

Est-ce que je suis contrôlé/influencé par le marché des opinions ?

Qu'est-ce qui fait de moi une personne spéciale ?

Qu'est-ce que j'aime le plus chez moi ?

Qu'est-ce que je déteste le plus chez moi ?

Comment puis-je me servir de mes qualités *positives* afin d'améliorer ma vie et celle des autres ?

Comment puis-je me servir de mes qualités *négatives* pour améliorer ma vie et celle des autres ?

✍ EXERCICE CLÉ Nº 1 : dresser un bilan...

Afin de dresser un bilan positif de ton être, il est important que tu adoptes une attitude juste et positive. Tu dois reconnaître tes qualités, tes forces, tes aspirations.

Tu veux un truc simple pour faire ton bilan ?

Prends une feuille de papier et notes-y tes bons coups, les réalisations que tu as accomplies, les gestes qui ont apporté un plus à quelqu'un, des conseils que tu as prodigués, des choses que tu as fabriquées, réparées etc.

Écris une ligne par événement, et trouve au moins une dizaine d'événements. Puis, dans une deuxième colonne, indique quelle est la qualité ou quel est le talent nécessaire pour réaliser ce que tu as fait. Dans une troisième colonne, tente d'écrire un chiffre sur ces évènements. Ça vaut combien ? Qui pourrait donc bénéficier de cet actif ? C'est un peu fou, n'est-ce pas ? Ne te gêne pas ! Ce sera ton bilan d'ouverture... Et devine quoi ? Ça bouge ! Ça évolue ! Ça s'améliore avec le temps et les bons résultats !! Il se peut fort bien que dans une semaine, un mois, un an, tu refasses le même exercice et que ton bilan s'améliore!

✍ EXERCICE CLÉ Nº 2: rétrospective...

Regarde ton bilan personnel et rappelle-toi où tu étais il y a 5 ou 10 ans? Où es-tu aujourd'hui? Il y a certainement des actifs qui ont pris de la valeur, et probablement d'autres qui en ont perdu, qui ont changé de forme. Où en seras-tu dans 5 ans, dans 10 ans? En finances, nous appelons ces états financiers des pro forma. Nous tentons de prévoir à l'avance... tout en sachant que la Vie peut réserver de belles surprises et que le futur n'est jamais certain.

✍ EXERCICE CLÉ Nº 3: le semblable reconnaît le semblable...

Trouve deux personnes que tu aimes et admires beaucoup. Sur une feuille, écris leur nom, puis fais une liste des qualités de ces personnes. Trouve au moins dix qualités par personne. Vingt serait encore mieux! Maintenant, fouille dans ta mémoire et retrouve dans ta vie à quel moment tu as toi-même manifesté ces qualités. Le semblable reconnaît le semblable. Une personne qui est généreuse reconnaîtra une autre personne qui pose un geste généreux. Si tu es romantique, tu reconnaîtras des gestes romantiques chez une autre personne. Si tu excelles en mathématiques, tu seras en mesure de reconnaître un génie en calcul... ainsi que ceux qui sont nuls!

Ce que l'on apprécie... s'apprécie.
Lorsque l'on se sent apprécié...
on s'apprécie!

✍ EXERCICE CLÉ Nº 4: le coffre aux trésors!

Matériel nécessaire:
Cahier à anneaux et feuilles transparentes plastifiées.

J'ai commencé par garder les mots gentils que ma mère et mon père m'écrivaient à l'occasion de mes anniversaires. De temps à autre, je les relis. Puis, j'ai gardé ceux de ma fille (c'est fou ce qu'un enfant peut écrire de belles choses avec son cœur!).

Par la suite, j'ai conservé les notes gentilles que des clients m'avaient fait parvenir. J'ai également écrit mes états d'âme et les bons coups que j'avais faits: un genre de journal intime ayant pour but de mettre en relief ce que je faisais de bien. Remplis ton coffre aux trésors. Inscris des pensées que tu aimes relire. Écris tes bons coups. Il sera un support, un exemple concret de la manifestation de ton travail, de ton apport à ton entourage.

À conserver: photos – vidéos – lettres – courriels – cartes de vœux – journal intime (bons coups, gratitudes).

CITATIONS CLÉS

«Le succès, c'est d'avoir ce que vous désirez.
Le bonheur, c'est d'aimer ce que vous avez.»

H. Jackson Brown

«L'expérience est quelque chose que vous obtenez juste après que vous en ayez eu besoin.»

S.J. Lec

«Savoir est bon. Mais savoir où ranger son savoir pour le retrouver, cela est excellent.»

H.F. Amiel

«Il y a tant de talents qui sont gaspillés alors que tant de gens paieraient des fortunes pour en avoir...»

Auteur inconnu

Sans un sou
Sans un si

Pas un sou en banque
Et pourtant je suis bien
Bien d'être aimé
Combien vaut ma santé ?
Je ne saurais l'estimer
Et ma mère
Et mon père
Même millionnaire
Je ne peux les retenir sur Terre !
Sans un sou
Sans un si
Sans soucis !
Telle se vit... la Vie !
J'arrive nu
Repars vêtu
Pendant mon voyage

Ai-je vécu ?
Qu'en ai-je retenu ?
Sans le sou
Sans le si
Tu as vu la Vie.
Tu sais
La Paix
N'est pas monnaie
Piastre
N'est pas désastre
Dollar
De l'or !... du Cœur
Tu tires ta richesse
Et adieu le stress !
Bonjour la Vie !

Deuxième clé : identifie ta mission personnelle... et ne la perds plus de vue !

Conversation avec mon père...

Mon père a eu une conversation déterminante avec moi, il y a de cela quelques années. Je lui décrivais mon travail à la Banque et, d'une certaine manière, le prestige relié à ma position. Il m'a demandé sans détour : « Aimes-tu ce que tu fais ? » Le ton et le regard qui appuyaient sa question m'ont touché. Je n'ai pas pu répondre *oui*...

Je te pose cette question à mon tour : « Aimes-tu ce que tu fais ? » Et en voici une autre : « Si tu n'étais pas payé pour le faire, le ferais-tu quand même ? »

Un jour j'ai demandé à un homme ce qu'il faisait là, à la montagne, avec son marteau et ses ciseaux à pierre «Je taille des pierres en forme de cubes de différentes grosseurs. C'est mon travail, car je suis tailleur de pierres. Je taille bien les pierres vous savez».

Un peu plus loin, un autre homme s'affairait à tailler des pierres lui aussi, mais il rayonnait, il chantait en travaillant. Il était heureux et ça se voyait sur son visage. Je lui demande à son tour ce qu'il fait: «Avec l'aide de tous ceux que vous voyez autour de vous, je construis une cathédrale. Toutes ces pierres que vous voyez serviront à son érection. Ce sera la plus belle cathédrale de notre pays».

Anonyme

Le dernier homme interrogé a un idéal très élevé. Son travail, ainsi que celui de ses collègues, est mis en perspective grâce au but ultime qu'il a en tête. Si on ne leur indique pas le but de tout ce labeur, les ouvriers autour de lui, les nouveaux tailleurs de pierre possiblement, continueront de considérer leur contribution comme étant un simple travail. Les mêmes efforts peuvent être mis à contribution, mais la fatigue au bout du compte ne sera pas la même si notre idéal nous tire vers le haut!

Un jour, j'expliquais un principe financier à l'une de mes clientes. Elle m'a dit à quel point mes conseils l'éclairaient et elle m'a remercié du temps que je lui avais accordé. *Quel temps?* lui demandais-je! Je n'avais pas vu le temps passer! La rencontre avait pourtant duré deux heures!

Je m'en souviens encore. Je revivrais ce scénario encore et encore et encore... J'y ai découvert que j'adore enseigner. J'aime quand les gens me disent qu'ils comprennent mieux et que leur vie s'en trouve améliorée. J'aurais fait cette consultation sans être payé!

L'activité que je venais d'accomplir n'était pas un travail (au sens le plus péjoratif du terme) pour moi. J'avais adoré l'expérience et je voulais recommencer.

J'avais découvert ce que j'aimais faire, quelle était exactement mon habileté particulière.

J'adore aider les gens à bâtir leur cathédrale ...

Si tu avais un million...

Que ferais-tu si tu gagnais un million de dollars? Si tu n'avais plus à travailler? Dormirais-tu tout le temps? Mangerais-tu tout le temps? Serais-tu toujours en train de jouer au golf? Quelle serait ta passion? Laisse-toi aller à rêver. Ça ne te coûte rien. Ça ne te fait pas mal. Le rêve éveillé te donnera souvent une direction. C'est un doigt pointé vers une idée. Suis-la et vois où elle te mène!

As-tu déjà remarqué que la plupart des millionnaires qui le sont devenus par eux-mêmes continuent de travailler? Ils sont millionnaires et ils n'ont pas BESOIN de travailler, mais ils travaillent!! Ils font ce qui les passionne, ce qu'ils aiment. Donne-toi le droit de rêver à ce que tu aimerais vraiment faire...

***AIMER** ce que l'on fait est une bénédiction.*
***FAIRE** ce que l'on aime est une récompense.*

Si un gland de chêne avait un cerveau et de l'imagination, il visualiserait en lui l'image d'un chêne, grand et fort. Un chêne magnifique, parfait. À chaque pluie, à chaque averse, à chaque journée ensoleillée, il se dirait : « Aujourd'hui je me sers de cette pluie, de ce soleil, de cette terre d'accueil afin de bâtir l'arbre que je pressens en moi ». Il prendrait ce que son environnement lui offre, et il en ferait un chêne. Y as-tu déjà songé ? Seule la pensée de devenir un chêne fait que ce gland transforme la terre, l'eau, le soleil, en arbre. En quoi transformes-tu ce que ton environnement te fournit, dis-moi ?

Nous nous mettons en marche spontanément lorsque nous aimons ce que nous faisons. André Moreau, le philosophe, me disait il y a quelques années : « N'oublie pas : l'effort est le signe de l'erreur ». Je n'ai pas compris tout de suite le sens de cette phrase, mais plus je vieillis, plus son sens profond m'apparaît. Te dis-tu : « Il faut que j'aime mon enfant, ou il faut que je mange ce délicieux chocolat belge, ou encore il faut que j'embrasse mon amoureux ? » Lorsque je fais un effort pour aller au delà de mes convictions, il y a un élément en moi qui n'est pas en harmonie, et je le défie.

Tu vas à la Banque pour emprunter de l'argent et le banquier te demande : « C'est dans quel but ? » Si le but est dans ses cordes et si les garanties sont jugées suffisantes, il te prêtera l'argent et tu pourras réaliser ton rêve. Si tu ne fournis pas les garanties nécessaires, s'il n'est pas sûr que tu pourras réussir, tu n'auras pas l'argent nécessaire... et tu seras frustré !

La Vie est un Banquier ! Tu lui dis quel est ton but. Tu lui donnes des garanties de ta persistance et de ta détermination, mais si elle juge que tu n'es pas suffisamment déterminé, elle te refusera les crédits. Par contre, si ton projet lui plaît, si elle est en accord avec tes compétences, si tu as en toi le potentiel, la vitalité et la vision pour l'accomplir, tu recevras des crédits continuellement. Tu auras l'énergie pour accomplir ce que tu veux... Sans intérêt !

La Vie est courte. Les jours, les semaines et les années passent de plus en plus vite. Pourquoi ne pas en profiter? Pourquoi ne pas te fixer un idéal? Un but? Une idée de ce que tu aspires à être? Et par la suite travailles-y jour après jour. Chaque élément qui se présente à toi participe à ton désir. Tous les morceaux de ton casse-tête sont déjà présents dans ta vie, à ta portée, autour de toi. Fais-toi une promesse, puis tiens-la. Laisse venir les images, les idées, même si elles te paraissent un peu farfelues au début. Et commence à assembler les morceaux du casse-tête. Ne te laisse pas décourager. Amuse-toi à assembler le casse-tête. N'est-ce pas là toute la beauté de la chose? Avoir du plaisir pendant que l'on vit?

Et si la clé servait à ne pas voir notre mission dans notre travail?

Bien chanceux celui qui peut joindre son travail et sa passion. Et si ça devenait presque impossible, pour toutes sortes de considérations, pourquoi ne pas envisager le travail uniquement comme source de revenus ? Pourquoi ne pas mettre l'accent sur le développement de soi en dehors de ce travail, par exemple par le bénévolat ou une participation active à la vie communautaire ? Pourquoi ne pas avoir une passion artistique après les heures de bureau ?

Pourquoi, pour un moment, ne pas mettre de côté la mission ? Lâche prise. La clé qui sert à prendre conscience de ta mission peut également servir à refermer cette même mission. Tu pourrais devenir trop sérieux, prendre toute la vie trop au sérieux et éviter de t'amuser en chemin. Même la Banque peut – trop rarement, j'en conviens – penser autrement qu'en termes de profit. Dans certains cas, la Banque parraine des activités à buts non lucratifs. Elle ne retire aucun profit de l'argent et du temps qu'elle y investit. Elle a bien un peu de publicité, mais elle en aurait autant et ferait les mêmes profits si elle ne faisait pas de charité.

Donc, si tu te prends trop au sérieux avec l'histoire de ta mission personnelle, pourquoi ne pas te donner des vacances pour un temps ?

Refermer cette quête incessante de notre «mission» nous permet d'apaiser certains inconforts reliés à notre activité professionnelle. Et bien souvent, si nous sommes heureux en dehors du travail, nous pourrons apporter un peu de cette chaleur, de cette lumière, à notre travail, là où peut-être des gens en ont grandement besoin!

Peut-être est-ce cela ta mission? Continuer ton travail, devenir de plus en plus heureux et apporter de la joie autour de toi! Il n'y a que toi qui puisses connaître vraiment ce que tu as à faire.

QUESTIONS CLÉS :

Où seras-tu dans dix ans ? Dans cinq ans ?

À quoi aimerais-tu que ta journée
de travail ressemble ?

À quoi aimerais-tu que ton travail ressemble ?

Que ferais-tu sans être payé pour le faire ?

Quel accomplissement te rendrait fier de toi ?

Quelle est la cause qui te touche le plus ?

Quels sont les gens
que tu as le plus le goût d'aider ?

✍ EXERCICE CLÉ Nº 5 : moments privilégiés

Prends une feuille de papier et fais la liste de cinq moments privilégiés de ta vie (idéalement ta vie professionnelle) où tu faisais une activité qui te plaisait particulièrement et où tu as reçu plein de compliments et de notes positives d'appréciation pour ton bon travail.

Quels ont été tes moments privilégiés ? Sois précis. Souviens-toi du lieu, de la personne avec qui tu étais, du contexte, de l'heure précise, des mots, des gestes, des sentiments qui ont été vécus. Retrouve ce sentiment d'accomplissement. Maintiens-le pour un instant. Sens-le. Trouve tes qualités. Quelle est la meilleure partie de toi-même qui s'est exprimée à ce moment-là ? Note-le. Reviens-y souvent. Ne l'oublie pas. Ne l'oublie plus.

✍ EXERCICE CLÉ Nº 6 : pour te faire réfléchir...

J'ai fait cet exercice à trois reprises... Il fait beaucoup réfléchir. Il m'a suffisamment bouleversé pour que je change des éléments de ma vie, et suffisamment aidé pour que je l'insère dans ce livre. Je t'avertis qu'il est pour les cœurs solides. Prends une feuille de papier, et inscris en haut: Nécrologie de ...(inscris ton nom)

Tu as bien lu. Je te demande d'écrire ta propre nécrologie. Qu'est-ce que tu aimerais que les gens disent de toi lorsque tu seras couché à tout jamais? De quoi voudrais-tu qu'ils se souviennent? Quelles traces veux-tu laisser sur les gens? Y a-t-il une œuvre que tu veux appuyer? Quels seraient tes regrets si ta vie prenait fin demain? Quand tu penses qu'un jour tu seras parti d'ici, cela te fait prendre conscience de l'importance de la Vie, de son côté éphémère. Demande-toi: qu'est-ce que je veux faire d'ici à la fin de mes jours?

✍ EXERCICE CLÉ Nº 7: retour en enfance!

Retourne marcher dans les sentiers de ton enfance, à l'âge où tes rêves se construisaient.

Dix ans après avoir terminé l'université, Jean est retourné sur le campus. Sa vie était alors tout à l'envers et il manquait cruellement de confiance en lui. Brillant étudiant, il n'avait plus remis les pieds à l'école depuis qu'il avait terminé son baccalauréat à l'âge de 24 ans. Son épouse et lui avaient divorcé, son employeur l'avait renvoyé. Ayant tout concentré sur son travail et sa famille, le choc avait été de taille!

L'ambiance universitaire n'avait pas changé. Les arbres et les fleurs entremêlaient leurs senteurs estivales avec le même savant mélange que sa mémoire avait gardé en note.

Soudain, une sensation étrange l'envahit. Il se remémora ses 19 ans. Qu'il avait été naïf! Qu'il avait eu des rêves! Qu'il avait été perdu depuis dix ans... Il avait joué tous les rôles possibles... sauf le sien. Mais il avait tellement de talent ce Jean... Premier de classe... Aimé et admiré de tous... À l'époque, son avenir promettait.

Il s'était brisé les os. Il était maintenant en convalescence. Son cadeau le plus précieux a été de retrouver les traces de son enthousiasme de jeunesse. Il s'est fait la promesse que plus jamais il ne le laisserait s'enfuir.

Jean est retourné aux études à cette même université. Il a complété un certificat en comptabilité. Avant même de le terminer, il a été embauché par une firme comptable de grande renommée. Comme une bonne nouvelle n'arrive jamais seule, l'amour a frappé de nouveau à la porte de son cœur, et il vit présentement le parfait bonheur avec sa nouvelle conjointe et leurs deux enfants.

Jean avait retrouvé son enthousiasme de jeunesse. Son feu intérieur s'était éteint. Ses souvenirs, ou plutôt les sentiments qui étaient rattachés à ses souvenirs, ont ravivé cette flamme. Par la suite, Jean a pris un soin jaloux de ce feu intérieur, car il connaissait le prix à payer quand la flamme s'éteint.

Je connais bien ce Jean. Son histoire m'a touché. Elle pourrait être la tienne. Trouve ton campus. Trouve cette allée d'arbres qui t'inspirera. Ré-écoute la musique qui te transportait quand tu étais jeune! Ré-écoute ce vieux film qui t'avait inspiré et fait pleurer.

L'idée de cet exercice est de ramener au temps présent des sentiments, des images, des rêves, qui sont enfouis dans ton subconscient.

✍ EXERCICE CLÉ Nº 8 : aide une personne à accomplir son rêve.

Aide quelqu'un à accomplir son rêve, à être plus inspiré ou à devenir plus conscient. Ce principe est basé sur cette loi : si nous ne passons pas la torche, nous ne recevrons pas de plus grande lumière. Chaque fois que tu aides quelqu'un à prendre de l'expansion au niveau de sa conscience, tu vis une expansion au niveau de la tienne. C'est une loi. Tu ne peux pas partager et donner une idée sans recevoir une meilleure idée, une plus grande idée.

CITATIONS CLÉS

« N'oublie jamais ceci : pour chaque rêve que nous avons en nous, nous avons également l'habileté d'être très bien rémunéré pour l'accomplir. »

John F. Demartini

« Ce qui est maintenant prouvé ne fut jadis qu'imaginé »

William Blake

« Fais de ta vie un rêve et de ton rêve une réalité »

St-Exupéry

« Ceux-là qui ébauchent leurs rêves durant le jour connaissent bien des choses qui échappent à ceux-là qui ne rêvent que la nuit. »

Edgar Allan Poe

«Tu vois les choses telles qu'elles sont
et ta question est: pourquoi?
Mais moi, je rêve des choses qui n'ont jamais
existé et ma question est: pourquoi pas?»

Auteur inconnu

«J'aime celui qui rêve l'impossible».

J.W. Goethe

«Si tu veux que tes rêves se réalisent,
ne fais pas que dormir».

Auteur inconnu

«Toutes les fleurs de demain sont
dans la semence d'aujourd'hui».

Proverbe chinois

Au rancart

Je te mets au rancart aujourd'hui, après toutes ces années passées ensemble à sillonner les routes du Québec, à frapper aux portes, à t'ouvrir, à te refermer.

Je parlais de toi comme étant mon inséparable. Merci pour ton aide et ta présence auprès de moi pendant tout ce temps. Je t'ai beaucoup appréciée, tu peux maintenant te reposer. Je revis, je renais, je vais vers un monde meilleur. Autre chose m'attend maintenant.

Tu resteras toujours gravée dans mon cœur comme un bon souvenir. C'était une époque, « il fut un temps où ». Seulement à te regarder, j'aurai mille souvenirs. Bonne nuit. Repose-toi bien, ferme-toi, ma jolie valise...*

Ton vendeur préféré
10 novembre 1993

** Lorsque j'ai remisé ma valise grise de vendeur... Il fut vraiment un temps où... J'y repense encore quelquefois... elle s'est perdue comme les valises se perdent lors de nos innombrables voyages et déménagements. Nous croisons, lors de notre passage sur cette Terre, des gens, des animaux et à certains moments des « choses » qui sont doués pour nous donner du courage. Ma première valise avait ce don.*

Carrière et profession

On s'tire à terre
On presse le citron
Pour sa carrière
Ou sa profession
«T'as une carte d'affaires
Ou tu demeures à la maison ?»
Ta job n'a pas l'air de te plaire
Garde-la, tu viens de faire des rénovations.
Tu as les soins dentaires
Le câble pis la télévision !
C'est que t'es sédentaire
Depuis que t'as une profession.
Où est ton sourire
Que tu avais à la fac ?
Cinquante heures semaines
Faut se faire une raison
Ce sont les gens qui se démènent
Qui resteront...

Troisième clé : passe à l'action et agis, agis, agis...

« Ce que vous faites peut ne pas sembler important, mais il est important que vous le fassiez. »

Gandhi

« Action : le mouvement, l'art de prendre une idée et de la concrétiser »

Petit Robert

« Une des meilleures façons de comprendre l'action, c'est d'observer l'inaction ! »

Auteur inconnu

Warren Buffet écrit dans son rapport annuel à ses actionnaires (concernant les événements du 11 septembre) : « J'avais pensé aux risques que notre compagnie d'assurance prenait en ayant inclus des clauses contre le terrorisme dans ses polices, mais je n'ai rien fait. J'ai violé la loi de Noé : Ce n'est pas de penser qu'il y aura un déluge qui est important, mais de construire l'arche qui permettra à chacun de se sauver. Je me suis trompé, et ma décision vous a coûté deux milliards de dollars ».

Quel courage ! Il mentionne qu'il n'a pas agi à la suite d'une intuition qu'il a eue. Il sentait, il pressentait ce qui a suivi. Ses partenaires ainsi que lui-même ont perdu des milliards dans cette aventure. Sa compagnie est publique, et ses actions et ses gestes sont publics. Ce qu'il fait ou ne fait pas est donc connu de tous. C'est la rançon de la gloire. Combien de gens ont le courage de dire tout haut qu'ils se sont trompés par omission ?

Tu as une idée de projet. Tu peux la réaliser, mais si tu ne le fais pas, dis-moi qui le saura? Tes gestes, tes actions ne sont pas publics ni scrutés à la loupe par des millions de personnes. Par contre, tu es surveillé par les milliards de cellules de ton cerveau qui te servent de conscience. Elle te le font sentir quand tu ne fais pas ce que tu devrais faire, avoue-le!

Il est intéressant de noter que la participation dans une compagnie est divisée en actions! Les actions sont risquées, selon certains investisseurs qui préfèrent les obligations car celles-ci sont plus sûres. Est-ce un hasard de notre langue ou un message inconscient? Les obligations nous semblent moins risquées. Comme dans la vie. On préfère affirmer: «Je n'ai pas le choix, je dois faire ceci, je dois faire cela. C'est pas de ma faute, je n'ai pas le choix». Je me conforte donc dans mes obligations et je ne prends pas de risque...

Dans le merveilleux monde de la finance, si l'intérêt baisse trop, les investisseurs préfèrent retourner du côté des actions... comme dans la vie! Si ton intérêt baisse trop pour les obligations que tu as à accomplir, tu recherches de nouvelles actions, de nouveaux risques à prendre dans ta vie, afin d'augmenter ton niveau général de bonheur!

Qu'est-ce qui guide tes actions? Tes pensées. Comment gères-tu tes pensées? Les études tendent à démontrer que de 10 000 à 50 000 pensées traversent à chaque jour notre esprit sans que nous ayons le contrôle sur elles. Essaie d'arrêter de penser, maintenant, là, immédiatement. Cesse de penser... En es-tu capable? Difficile, n'est-ce pas?

Les professionnels de la gestion ont tous un système afin de choisir les actions dans lesquelles ils désirent investir. Ils ont une grille d'analyse, des critères de sélection. Les actions qui ne passent pas certains critères ne sont pas considérées. Dans notre vie, nous avons des critères de sélection qui nous aident à choisir nos actions. Que nous en soyons conscients ou non. Ces critères se nomment: valeurs.

Valeurs : comment savez-vous quand vous faites ou que vous êtes ce que vous aimez ?
comment savez-vous que vous ne faites pas ou n'êtes pas ce que vous aimez ?

À chaque réunion annuelle des actionnaires, les dirigeants d'une compagnie doivent répondre de leurs actes. Ils doivent défendre leurs décisions. Ils parlent également de leurs projets et dressent un plan d'affaires pour la prochaine année. Certains font des plans triennaux ou quinquennaux. Ils ne seront pas jugés sur les plans. Ils seront jugés sur leurs actions. As-tu un plan d'actions pour la prochaine année ? Les prochains trois ans ?

Il y a exactement 86 400 secondes dans une journée, 604 800 dans une semaine.

La transformation de ta vie passe par la façon dont tu investis ces secondes. Qu'en feras-tu ? De quoi nourriras-tu tes pensées pendant toutes ces secondes? Même Bill Gates, l'un des hommes les plus riches sur cette planète, n'a pas une seconde de plus que toi à sa disposition! Te rends-tu compte que l'argent ne peut pas acheter le temps? Le vieil adage qui dit que le temps, c'est de l'argent, prend ici tout son sens!

La pensée... la parole... l'action. Tout ce qui a été conçu a d'abord été pensé. Puis l'homme y a rajouté son énergie, son essence, et il a transformé, il a créée. Nous transformons par nos actions, nos gestes.

«Nous réfléchissons bien plus à l'emploi de notre argent, renouvelable, qu'à celui de notre temps, irremplaçable.»

Auteur inconnu

Le temps est peut-être de l'argent, mais j'aime penser que le temps, c'est de la Vie! Essaie ce truc: au lieu de te dire: «Est-ce que j'ai du temps pour ...»

demande-toi plutôt : « Est-ce que j'ai de la Vie à donner à telle activité ? »

Je te promets que ça va changer ta perception de la gestion de tes priorités et de ton agenda !

Et si la 3e clé servait à bloquer l'action ? Et si l'inaction était la plus appropriée des actions ?

« Il y a un temps pour chaque chose, et chaque chose en son temps. »

Papa

Il y a donc un temps pour agir, et un temps pour lâcher prise. Il y a un temps pour inspirer et un temps pour expirer. Il y a un temps pour étudier et travailler, et il y a un temps pour se reposer et s'amuser. Il y a un temps pour être sérieux et un temps pour lâcher son fou ! Ne sois pas trop sérieux ! Mais ne sois pas trop fou !

Il y a des niveaux d'intensité dans l'action et dans le langage qui l'appuie.

Imagine ceci : ton enfant est enfermé dans sa chambre. La porte est obstruée et la fenêtre ne s'ouvre pas. Le feu est pris dans la maison et tu vois de la fumée qui sort de dessous la porte de sa chambre. Pense aux mots que tu vas employer... Dirais-tu : « Il faudrait bien que j'entre dans la chambre, sinon mon enfant pourrait mourir », ou plutôt : « Je vais faire tout mon possible afin d'essayer d'entrer dans la chambre. C'est important. Alors je vais faire tout ce que je peux », ou dirais-tu plutôt : « **Fais attention, J'ENTRE dans ta chambre** » ...

Ne PAS entrer dans la chambre pour sauver ton enfant ne ferait même pas partie des options. Tu parlerais au présent. Ça se fait. Ce que les autres disent, c'est du bruit. Tu visualises le résultat avec intensité. Les mots doivent être de la même intensité que l'action désirée.

Le Dr John F. Demartini a élaboré une échelle de 7 niveaux en ce qui concerne les verbes que nous utilisons pour parler de nos actions

Verbes d'action	**Niveau d'énergie**
Il faut	Suicide
Je dois	Survie
J'ai besoin	Sécurité
Je veux	Social
Je désire	Estime de soi
Je choisis	Accomplissement de soi
J'aime	Spirituel

Écoute-toi parler à propos des actions à entreprendre. Tes paroles sont-elles du genre : *ce serait agréable si je pouvais... J'aimerais cela si seulement...* Fais-tu beaucoup de bruit avec ta bouche? Ou dis-tu simplement : *J'agis*?

«Le corps qui est en mouvement tend à rester en mouvement, et le corps qui est immobile tend à rester immobile, à moins qu'une force extérieure ne lui impose le contraire...»

Auteur inconnu

Tu as sûrement déjà entendu le vieil adage qui dit: «si tu veux que quelque chose soit fait, donne-le à une personne occupée, et ce sera fait». Ce que la Loi de l'inertie nous enseigne est vrai non seulement en physique, mais s'applique à nous en tant qu'êtres humains. Lorsque tu participes à des activités, lorsque tu as des projets, lorsque les idées coulent dans ta tête, on dirait que ça ne s'arrêtera jamais. Le mouvement entraîne le mouvement.

Si tu es en état d'arrêt, si tu es amorphe présentement, on dirait que plus tu lis, plus tu te renseignes, plus tu restes immobile, moins tu as le goût de bouger. Tu es au ralenti. Tu auras donc besoin d'une force plus grande que ton inertie pour te remettre en mouvement.

Bien entendu qu'il existe un parallèle en finances! Cette technique s'appelle le «momentum» des bénéfices. Les gestionnaires qui choisissent des actions de compagnies basées sur cette méthode vont acheter les actions des compagnies qui annoncent une surprise et une croissance des bénéfices depuis un certain temps. Leur point de vue est le suivant : lorsque ça va bien, ça continue de bien aller. La compagnie a le vent dans les voiles. Aussitôt qu'ils repèrent un signe de baisse ou de renversement de tendances, ils vendent l'action. Ils suivent, sans le savoir, la loi de l'inertie.

Ce que j'aime rajouter à l'action, c'est la récompense. Si je sais que je dois accomplir une tâche incontournable, mais que pour une raison ou pour une autre je n'ai pas le goût de l'accomplir, j'agis comme je le fais avec mon chien : je me promets une belle récompense si je suis fin ! Un biscuit si je suis gentil ! Tu ris, mais ça marche ! Je me suis très bien entraîné ! Ce qui compte, c'est de ne pas trop retarder la récompense ! Si je me dis que je mérite des vacances en juillet prochain parce que j'ai bien travaillé ce mois-ci, et que ce mois-ci c'est le mois d'août, il me semble que je n'ai pas bien compris le principe de la récompense !

Bien agir, laisser dire, toujours sourire ...C'est fou ce que ces paroles m'ont réconforté souvent ! Bien agir : agir de manière à ce que tes actions puissent passer à la une d'un grand quotidien et que tu en sois fier et non pas gêné... comme certains présidents d'entreprise par les temps qui courent!

QUESTIONS CLÉS :

Pourquoi fais-tu ce que tu fais ?
Pourquoi ne fais-tu pas autre chose ?
Quelles sont les valeurs qui te font choisir tes actions ?
Pourquoi as-tu choisi ces croyances ?
Te sont-elles encore utiles ?
Quelles sont les 7 gestes/actions prioritaires à accomplir aujourd'hui qui vont t'aider à atteindre tes objectifs ?
Quelles sont les actions qui te donnent de l'énergie ?
Quelles sont les activités qui te prennent de l'énergie ?
Quelles sont les activités que tu « devrais commencer à faire ?
Quelles sont les activités que tu devrais cesser d'accomplir ?
Qu'est-ce qui t'empêche d'aller de l'avant ?
Que peux-tu faire pour éliminer les obstacles ?

✍ EXERCICE CLÉ No 9: Si c'est trop gros pour être fait, morcelle!

Une des techniques les plus efficaces est le morcellement, c'est-à-dire prendre la tâche dans toute son ampleur et la diviser en étapes, puis en petits projets, en parties et enfin en activités hebdomadaires et journalières. Consigne le tout par écrit afin d'en apprécier l'avancement et d'être en mesure de voir ce que tu as accompli... surtout quand l'énergie vient à manquer.

✍ EXERCICE CLÉ No 10: un vide-tête!

Sur une feuille de papier, tu te vides la tête de ce que tu as à faire. Tu classes: personnel – affaires. Accorde de l'importance aux actions personnelles, car c'est ton côté personnel qui t'apportera le soutien et l'équilibre dont tu as besoin pour continuer à te développer professionnellement. Puis, classe les tâches en priorités:

A) Importantes et urgentes
B) Importantes, mais qui peuvent encore attendre
C) Souhaitables... un jour...

Ce qui est important et urgent te crée un stress. Fais-le rapidement. Ce qui est important mais pas urgent devrait attirer de plus en plus ton attention. Tu éviteras ainsi de toujours devoir éteindre les feux. N'attends pas à la dernière minute pour faire ce que tu as à faire.

✍ EXERCICE CLÉ Nº 11 : Organise ton environnement !

Nettoie et organise ton environnement quotidien, maison et travail. Le psychologue William James disait : « Chaque fois que vous pouvez prendre une chose à laquelle vous avez habituellement à penser, et faire que cela se fasse ou se trouve de manière automatique, vous avez la chance de travailler sur un niveau de conscience plus élevé ».

Imagine s'il te fallait continuellement te demander où sont les commutateurs électriques pour ouvrir et fermer les lumières. Ce serait infernal ! Ils sont toujours aux mêmes endroits, et nous n'avons pas à nous en soucier. Organise tes affaires pour mieux t'y retrouver. Apprends à jeter et à classer ce qui ne sert plus ou sert peu souvent.

✍ EXERCICE CLÉ No 12 : récompense-toi !

Récompense-toi, à chaque jour, pour les bons coups que tu as faits. Trouve, à chaque jour, un ou des bons coups et récompense-toi en faisant une chose que tu aimes vraiment pour dix minutes, puis quinze minutes. Accorde-toi un moment de grâce. Plus la récompense est près de l'action, plus elle est efficace, et moins elle a besoin d'être grande en intensité, ampleur etc.

CITATIONS CLÉS

« Bien faire, laissez dire, toujours sourire »

Maman

« Le voyage de mille lieux commence par un premier pas. »

Confucius

« Il ne s'agit pas de savoir, il faut aussi appliquer. Il ne suffit pas de vouloir, il faut aussi agir. »

Gœthe

« Tes gestes parlent tellement fort... que je n'entends pas ce que tu dis. »

E.L. Kramer

« Aide-toi et le Ciel t'aidera. »

Adage populaire

« L'eau courante ne se corrompt jamais. »

Proverbe chinois

« Qui veut faire quelque chose trouve un moyen. Qui ne veut rien faire trouve une excuse. »

Proverbe arabe

« L'élan fait partie du saut. »

Halil Sarkis

« Les mots sont des nains, les actions des géants. »

Proverbe suisse

« Chaque fois qu'on ose, ce sont des regrets de moins pour plus tard. »

Auteur inconnu

« Le temps est comme un flocon de neige : pendant qu'on se demande ce qu'on va en faire, il fond. »

Auteur inconnu

« Le temps est ce qui empêche les choses de nous arriver toutes en même temps. »

T. Deshimaru

Si je pouvais...

Si je pouvais...
J'te jure que je le ferais.
Si je le faisais...
J'te jure que ça changerait.
Si ça changeait...
J'te jure que je pourrais.
Que je pourrais être heureux.
Mais voilà, il faut que j'y pense...
Et quand j'y pense...
J'te jure que j'y pense trop.
À trop penser...
J'te jure que ça ne change pas.
À force de ne pas changer...
J'te jure que je ne pourrai pas.

Quatrième clé : utilise le réseautage, tu es moins seul que tu ne le crois...

Pour me détendre, le soir, j'aime jouer à des jeux vidéo. Mon jeu préféré est celui qui met en vedette « James Bond, 007 ». Le but consiste à franchir dix épreuves et à empêcher la fin du monde... Rien de moins ! À chaque tableau, il y a une clé ou un mot de passe secret à trouver pour passer au tableau suivant. Un bon jour, mon frère m'appelle : « Je suis pris au tableau numéro 4 ! Je ne trouve pas la fameuse clé qui permet d'accéder à l'ascenseur ! Aide-moi ! Ça fait deux heures que je cherche et que je suis coincé ». Il me téléphonait pour que je l'aide à trouver une clé ! J'ai trouvé ça drôle (mais ce n'est pas à ce moment que j'ai pensé à ce livre... quoique...) Je me suis dit que ça ressemblait à l'aventure humaine !

Nous sommes pris dans un tableau de notre existence, une étape de notre vie. À chacune des étapes, nous accumulons de l'expérience. À chaque nouveau tableau, nous avons à faire face à des défis différents des précédents. Pour y parvenir, nous puisons dans notre expérience passée, mais quelquefois, nous devons demander de l'aide.

Nous ne sommes pas seuls !

Je ne compte plus le nombre de fois où j'ai reçu un coup de main par une personne différente de celle que j'avais aidée ! On dirait qu'à force de vouloir du bien aux autres, les autres nous veulent du bien ! Certains appellent cela la règle du Karma. On peut également dire que l'on récolte ce que l'on sème...

L'enthousiasme est une clé ! Les gens aiment être en contact avec des gens stimulants, enthousiastes. Il y a suffisamment de mauvaises nouvelles dans le monde, nous n'avons pas à jouer le rôle de celui qui amène toujours LA meilleure mauvaise nouvelle!

« Un sourire enrichit celui qui le reçoit sans appauvrir celui qui le donne »

Frank Irving Fletcher

« Le semblable attire le semblable »

Adage populaire

Vérifie autour de toi. Quels sont ceux que tu admires? Y a-t-il des gens que tu côtoies et auxquels tu aimerais ressembler professionnellement ou personnellement?

Une des manières intelligentes de réussir est d'écouter, de lire et de côtoyer des gens pour qui nous avons de l'estime. Une des premières façons d'apprendre d'un être humain est par imitation. Nous imitons ce que nous voyons.

Tu veux réussir? Surveille tes fréquentations! Dis-moi avec qui tu te tiens et je te dirai...

Qu'est-ce qu'on peut donner et ne coûte rien? Réponse: un sourire.

Certaines relations prennent plus de place dans notre vie, dans notre horaire. Elles nous apportent ce que nous souhaitons... Mais étant donné que rien ne se perd, rien ne se crée... S'il y a certaines relations qui prennent plus de place, il y aura automatiquement d'autres personnes qui en auront moins.

Seul parmi la foule. Connais-tu ce sentiment? Ultimement, nous sommes tous seuls. En affaires, d'après toi, chaque compagnie est-elle autonome? Crois-tu qu'elle n'aie pas de fournisseurs, pas de clients? Nous avons simplement l'impression d'être seuls! Nous ne le sommes pas! Nous avons nos fournisseurs, nos clients. Nous achetons et vendons ce que les autres nous disent.

Il est toujours intéressant de noter que l'on appelle cela une « compagnie », la « société » à capital actions, tous des termes qui rappellent nos liens d'interdépendance. Si une compagnie n'a pas un bon service à la clientèle, tu sais ce qui va se passer? Elle va perdre ses clients. Éventuellement, elle fera faillite ou sera achetée par un compétiteur plus agressif.

Si une société n'a pas de bonnes relations avec ses fournisseurs, elle éprouvera des difficultés d'approvisionnement. Elle ne pourra produire ses biens et ses services. Il en est de même pour toi. Soigne bien tes relations avec tes fournisseurs (conjoint, ami, parents, collègues, etc.) car ce sont eux qui te fournissent ton carburant: l'attention, l'amitié, l'amour, dont tu as besoin pour être efficace.

Prends également soin de tes clients, ceux sur qui tu as de l'influence, ceux qui achètent des idées de toi.

Ceux pour qui ton opinion compte. Tes vrais clients également! Ceux qui font vivre ton commerce ou celui de ton employeur. Tu as tout à gagner à entretenir de bonnes relations et tout à perdre à gâcher tes liens avec ceux qui t'entourent.

Les visages autour de toi changeront au fur et à mesure de ton cheminement. Certaines personnes de ton entourage pourront être troublées par tes changements d'attitude et de manière de penser si tu évolues. Le vide qui pourra être laissé par l'éloignement de ces personnes sera rempli par de nouveaux visages. Des nouvelles connaissances te verront tel que tu es aujourd'hui. Remercie ces nouveaux venus pour leur support et remercie intérieurement ceux qui t'ont supporté à d'autres moments de ton existence. Nous jouons tous des rôles dans la vie de quelqu'un d'autre, et quelquefois la Vie doit suivre son cours et nos chemins doivent se séparer.

La meilleure technique de développement d'un réseau demeure la sincérité.

L'informatisation des cartes d'affaires : si tu veux être efficace dans ton réseautage, tu dois apprendre à être structuré. Où classes-tu tous tes contacts ? Comment les classes-tu, par quels critères ? Prends-tu des notes lors de tes rencontres ou de tes coups de téléphone ? Tes dossiers sont-ils à jour en ce qui concerne les adresses, numéros de téléphone, adresses de courriels ? Une « banque » de noms peut s'avérer d'une valeur inestimable. Ce qui leur donne de la valeur : l'information la plus complète possible sur chaque contact, la fréquence avec laquelle tu communiques avec eux, la perception qu'ont les contacts de toi-même.

Es-tu quelqu'un qui demande toujours ? Si tu demandes toujours, ton réseau de contacts pourrait un jour se tarir.

Es-tu quelqu'un qui donne toujours ? Si tu donnes toujours, ton réseau pourrait s'infecter de « parasites », c'est-à-dire de gens qui ne cherchent qu'à prendre de toi, sans donner en retour.

En affaires comme en amitié, comme en relation interpersonnelle, les échanges doivent être équilibrés, sinon une des parties risquent la faillite, au sens propre comme au sens figuré.

Bâtis-toi un « portefeuille » de bonnes relations... comme dans un REER !

Il y a des placements plus agressifs. Ils vont te donner de la croissance à long terme, mais, quelques fois, à court terme, ils vont te décevoir et te sembler peu intéressants ! Si tu en as trop dans ton portefeuille, tu ne pourras pas supporter le risque et tu sortiras de la relation.

Il y a d'autres relations qui sont comme ces bons vieux dépôts à terme ! Sécuritaires, stables, fidèles, sans reproche, inébranlables. Il est bon de les avoir près de soi. Elles sont sécurisantes... un peu trop ! Ces gens nous rendent la vie trop confortable et, d'une certaine manière, nous empêchent de grandir.

Qu'est-ce qu'un conseiller en relations te dirait ? Adopte une approche équilibrée, certains placements complétant les autres. Un excès dans une sphère doit être compensé par une rareté dans l'autre. Regarde autour de toi. Dans laquelle de ces deux catégories classerais-tu les différentes relations que tu entretiens? Es-tu équilibré?

«Ça prend de tout pour faire un monde!» Dans un portefeuille de placements, nous incluons des actions, des obligations, des fonds mutuels etc. Dans un portefeuille de relations, toutes sortes de gens pourront y être inclus. La diversité assure la stabilité. Ton point de vue sera pluraliste au lieu d'être seulement orienté dans une direction.

À chaque relation, un nouveau compte en banque s'ouvre. Au départ, si tu accordes de la crédibilité à la personne que tu rencontres, elle aura une marge de manœuvre, une marge de crédit. Elle pourra arriver en retard à un rendez-vous ou agir de manière qui ne te plaira pas, mais tu vas lui «pardonner». Son compte en banque entre dans une marge de crédit. Si elle n'y fait pas attention, et qu'elle continue de te décevoir, son compte en banque avec toi sera sérieusement dans le rouge. Un jour arrivera où le banquier en toi fera un rappel de marge, et fermera le compte.

Lorsqu'une relation est tendue avec une personne, le compte en banque qui a été ouvert est probablement « à découvert ». Afin de le remettre à flots, une des deux parties doit y faire un dépôt. Une bonne action, une bonne parole, une bonne attitude. Les sourires reviennent, les malentendus s'estompent, et on peut continuer à opérer.

Lors d'un mandat de « coaching » dans les services financiers, je demandais aux conseillers d'évaluer la qualité de leurs relations avec leurs clients, peu importe l'importance en dollars de ces clients pour la banque. Un client noté « A » était un client chaleureux et qui avait toutes ses affaires avec le conseiller. Il ne jurait que par lui et à chaque fois que ce client sortait de son bureau, le conseiller se sentait rempli d'énergie ; il aimait son travail, il était prêt pour un autre client. Ces clients avaient la qualité de le faire bien paraître parce qu'ils avaient confiance en lui. Tout le monde aime bien les clients « A »... même s'ils n'ont pas toujours beaucoup d'argent...

Une chandelle peut allumer 100 autres chandelles et il lui restera encore la même lumière, la même flamme... sauf que maintenant, elle ne sera plus seule à éclairer dans l'obscurité

Une bonne conversation vous stimulera, elle fera en sorte que vous vous sentirez mieux dans votre plan. Et lorsque l'on se sent bien dans notre peau, on dégage du bonheur, on se sent heureux, on sourit... Quand on sourit, on est plus beau et on fait du bien autour de soi... Et quand on fait du bien autour de soi, on s'attire des compliments... Et on aime ça ! Et quand on aime ça, on a tendance à recommencer !

Tu passes en revue ta liste de contacts et tu sens que tu devrais appeler telle personne, mais tu ne sais pas pourquoi. Tu penses soudainement à elle. Appelle-la! Suis ton intuition. Je ne compte plus les fois où ce fut à point lorsque je téléphonai à une personne à laquelle je pensais. Quelquefois, ce sera une «fausse alerte», mais souvent, il y aura une partie de toi qui saura que c'est le temps d'appeler.

Garde le contact même si tu n'as rien à offrir ou à demander. Évite d'entrer en contact avec quelqu'un chaque fois que tu as quelque chose à lui demander: un service, de l'argent ou un produit à lui vendre. Profite de certains moments pour garder le contact juste pour le plaisir, sans rien attendre en retour. Si de surcroît, au fil de la conversation, tu te rends compte que tu peux aider ton interlocuteur d'une manière ou d'une autre: bravo!

Cette attitude fera en sorte que l'on aimera recevoir un appel de toi.

Intéresse-toi réellement à la personne, sinon, ne pose pas des questions! N'utilise pas de techniques.

Après tout, avant d'être des contacts d'affaires, des prospects intéressants, nous sommes encore tous des être humains!

✍ **EXERCICE CLÉ No 13 : dire un compliment sincère par jour à une personne différente**

Fixe-toi comme objectif de dire un compliment sincère à au moins une personne différente à chaque jour de la semaine et ce pour toute la prochaine semaine. Écris-le à ton agenda si ce n'est pas dans tes habitudes ! Nous vivons en société ; si nous pouvons faire en sorte que chacun se sente mieux l'espace d'un moment à chaque jour, imagine le bonheur...

CITATIONS CLÉS

La règle d'or:
« Fais aux autres ce que tu aimerais que l'on te fasse. »

Mathieu, 7:12

« Un compliment pourrait se comparer à une police d'assurance; il doit être renouvelé périodiquement pour conserver sa valeur. »

Reader's Digest

« Les bonnes paroles ne suffisent pas toujours pour corriger les mauvaises. »

Proverbe persan

« On apprend plus sur quelqu'un en l'écoutant parler qu'en entendant les autres en parler. »

Auteur inconnu

« Les meilleurs médicaments du monde seront toujours les paroles de réconfort administrées au bon moment. »

Auteur inconnu

« L'amitié négligée est comme un feu de foyer dans lequel on oublie d'ajouter des bûches. Peu à peu, il s'éteint. »

Auteur inconnu

Mais... dire

Demande au sage
Comment tourner la page
Si tu as médis
Sur autrui.
« Va dehors »
Il te répondra.
« Prends l'oreiller qui est là »
Il te dira.
« Vide et répands ses plumes
Par delà le vent.
N'en laisse pas une.
Et maintenant
Cours
Rattrape-les une à une ».
« Impossible », diras-tu
« J'en aurai pour des Lunes ».
Ainsi en est-il

De la médisance.
La langue va avec aisance
Racontant en toute innocence
Une blague, un fait
Sur quelqu'un qu'on connaît
Et le ragot se répand
Comme une plaie.
Langue pendante
Te pendra.
Retiens plutôt ton souffle
Et ça ira.
Nous n'avons que faire
De vils commentaires.
Sois vraie Lumière
Pour tous ces gens
Tes frères.

Cinquième clé : sois brillant... au niveau émotionnel !

Bienvenu au Royaume des émotions !

« La plupart de nos soucis sont des intérêts que nous payons d'avance sur des évènements qui ne se produiront jamais. »

Auteur inconnu

Tu penses à ce qui pourrait arriver demain si... et alors une émotion t'envahit. Tu n'es plus présent. Tu n'es plus ici et maintenant, tu es dans le futur et tu imagines le pire. Tu paies un prix pour te soucier de demain : la peur.

Tu réfléchis sur ton passé, sur tes gestes et sur les paroles que tu as prononcées. Tu as des regrets. Tu te dis que tu n'aurais pas dû. Que tu n'as pas été correct. Tu t'en veux et tu te fais du mal intérieurement. Tu paies encore un prix pour ramener le passé à ta mémoire et ne pas être présent : la culpabilité.

Émotion : du verbe latin « motere » qui veut dire « mouvoir » et le préfixe « é » qui indique un mouvement vers l'extérieur...

Petit Robert

Veux-tu voir les émotions sur grand écran à chaque minute de la journée à travers le monde ? Observe la bourse ! Le marché boursier est absolument fascinant à ce niveau. Il est complètement névrosé ! Le marché est continuellement en train d'anticiper le futur... et il essaie toujours de le faire en se fiant au passé. Chaque nouvelle, chaque déclaration, chaque guerre, chaque « affaire présidentielle » l'influencent. S'il aime ce que l'avenir lui réserve, il s'exprime par une « exubérance irrationnelle ».

S'il a peur que l'économie sombre en récession, il fait une dépression, un burn out, un krach ! Fascinant, je te le dis...

Pourquoi des millions d'êtres humains s'échangeant des milliards de dollars seraient-ils si différents d'un seul être humain aux prises avec les échanges des milliards de cellules de son cerveau qui tentent d'anticiper l'avenir ?

Ce qui est surprenant dans l'exemple de la Bourse est la façon dont le marché réagit à l'annonce des bénéfices des compagnies. Les compagnies et les analystes ont pris l'habitude de faire des projections des profits attendus. La société *First Call* publie régulièrement un consensus de leurs prévisions. Lorsqu'elles ne répondent pas aux attentes, attention... c'est la panique ! Les actions baissent de façons brutales. Les émotions sont définitivement au rendez-vous. Le marché n'aime pas les surprises.

C'est comme dans la vraie vie finalement : quand les gens qui nous entourent, ou l'entreprise qui nous emploie, ne répondent pas à nos attentes, qu'est-ce qui se passe ? Eh oui ! On vend ! On se retire ! On se fâche ! La peur et la colère nous font agir de façon brusque et imprévisible.

« Si tu veux la paix dans le monde,
commence par faire la paix dans ton pays.
Si tu veux la paix dans ton pays,
commence par faire la paix dans tes provinces.
Si tu veux la paix dans tes provinces,
commence par faire la paix dans tes villes.
Si tu veux la paix dans tes villes,
commence par faire la paix dans les familles.
Si tu veux la paix dans les familles,
commence par faire la paix dans TA famille.
Si tu veux la paix dans TA famille,
commence par faire la paix en TOI. »

Sagesse orientale

Pour faire la paix en soi, il est important de vivre dans une réalité qui concorde avec nos aspirations. Si nous ne pouvons changer cette réalité, ayons le courage de l'accepter telle qu'elle est et l'audace de travailler à ce qu'elle soit meilleure dans l'avenir. Chaque geste compte. Chaque vie est importante et faire ce que l'on fait avec Amour et Passion est un moyen suprême d'arriver à cette fin.

« Chaque parole prononcée aux autres laisse
une empreinte dans votre propre esprit.
Des paroles vraies ou fausses,
continuellement répétées à soi ou à d'autres
deviennent de plus en plus réelles avec
le temps et deviennent des croyances. »

John F. Demartini

Accorde-toi le droit à l'erreur.

Tu peux te tromper : c'est permis ! Celui qui ne fait jamais rien ne se trompera jamais ! Si je ne parle pas, je ne peux pas dire de gros mots ; si je ne marche pas, je ne peux pas me casser une jambe ; si je ne compte pas, je ne peux pas faire d'erreurs de calcul ; si je n'opère pas, je ne peux pas faire d'erreur médicale... Mais je ne sauverai jamais de vie, je n'accourrai jamais au devant d'une personne que j'aime !

Apprends à rire de toi !

Sois le premier à rire de tes « caractéristiques spécifiques » ! Devance les autres ! Ne te dénigre pas pour autant, mais souris et dis-toi que tu es beau, que tu es chanceux parce qu'il te reste encore du travail à accomplir. Heureusement que tu n'es pas parfait... car tu serais difficile à supporter pour ton entourage !

Warren Buffett (encore lui !) conseille de se tenir loin de la bourse ! C'est pourtant l'investisseur qui est devenu le plus riche de tous les temps (35 milliards US). Il a fait sa fortune grâce aux compagnies qu'il a achetées via la bourse... et il conseille de s'en tenir loin ! En y regardant de plus près, tu vas comprendre qu'il veut dire de ne pas se laisser prendre par le tourbillon des mouvements quotidiens des marchés à court terme. Ce sont de mauvais indicateurs selon lui. Et personne ne pourra vraiment lui reprocher d'avoir mal investi son capital au cours des trente-cinq dernières années...

Pourquoi ne pas faire pareil? Pourquoi ne pas regarder ta vie avec plus de recul et laisser les émotions passer tranquillement, comme les cotes de la bourse qui défilent sur l'écran du téléscripteur, ou (plus poétiquement) comme l'eau coulant dans la rivière.

Daniel Goleman, dans son livre *L'intelligence émotionnelle*, donne enfin ses lettres de noblesse à la capacité que peut développer un être humain de composer avec ses émotions. Autant que les mathématiques, le français ou l'algèbre, la connaissance des émotions et de leur influence sur notre comportement est un élément fondamental et crucial pour notre bon développement. Si tu voulais investir ton capital dans le marché des actions, tu devrais te renseigner sur les tendances et les pièges du marché. Il en va de même en ce qui concerne ton investissement le plus important: apprends à devenir intelligent émotionnellement.

« C'est seulement lorsque vous êtes conscient de faire quelque chose, que vous pouvez vous arrêter. C'est seulement lorsque vous savez que vous ne faites pas quelque chose que vous pouvez commencer à le faire ».

John F. Demartini

Un jour, l'âne d'un fermier est tombé dans un puits. Pendant des heures, l'animal gémissait pitoyablement et le fermier se demandait quoi faire. Finalement, il a décidé que l'animal était vieux et le puits devait disparaître de toute façon, ce n'était pas rentable pour lui de récupérer l'âne. Il a invité tous ses voisins à venir et à l'aider. Ils ont tous saisi une pelle et ont commencé à enterrer le puits. Au début, l'âne a réalisé ce qui se produisait et s'est mit à crier, terriblement. Puis, à la stupéfaction de chacun, il s'est tu.

Quelques pelletées plus tard, le fermier a finalement regardé dans le fond du puits et a été étonné de ce qu'il a vu. Avec chaque pelletée de terre qui tombait sur lui, l'âne faisait quelque chose de stupéfiant. Il se secouait pour enlever la terre de son dos et montait dessus. Pendant que les voisins du fermier continuaient à pelleter sur l'animal, il se secouait et montait dessus. Bientôt, chacun a été stupéfié que l'âne soit hors du puits et se mette à trotter!

Auteur inconnu

« Soyez fier d'être critiqué, c'est la preuve que vous devenez quelqu'un. »

J.D. Schwartz

La cinquième clé te dit donc que tu es libre de réagir à tes émotions. Tu as la capacité de choisir. Chaque fois que tu seras ému, demande-toi : « Est-ce que ma réaction est en ligne avec ce que je veux faire de ma Vie ? ». Être en équilibre au niveau émotionnel, c'est comme faire du vélo : un ajustement continuel est nécessaire afin de demeurer en équilibre. Même si hier ça allait bien, tu dois rester vigilant afin qu'aujourd'hui soit une belle journée.

Comme les autres clés, celle-ci te permet de te libérer de l'emprise de tes émotions, ou au contraire, de te renfermer en te laissant dominer par elles.

L'avantage d'être enfermé en étant dominé par tes émotions est que tu peux toujours les blâmer pour tout ce qui t'arrive. Ce ne sera jamais de ta faute... Cette clé est très utile, crois-moi!

J'ai entendu si souvent des investisseurs blâmer la bourse. Ils se disaient victimes, manipulés par les journaux, par les gros titres. Ils avaient suivi le mouvement de la foule et avaient acheté leurs titres au plus haut, au sommet. Ce qu'ils désiraient vraiment dans leur cœur, c'était devenir riches, faire de gros profits sans efforts. Déçus, ils ne se sont pas résolus à se blâmer. Ça prenait un coupable. La bourse est une coupable. Les courtiers et les marchés sont de bons coupables. Cela évite d'avoir à faire son *mea culpa*. C'est confortable... à court terme. Par contre, aucune leçon n'est apprise ainsi. Il n'y a que du ressentiment et de la tristesse.

Ultimement, nous sommes responsables de nos actes, de nos décisions, de nos motivations. Les émotions sont des jugements sur notre passé (culpabilité) ou des appréhensions sur notre avenir (peurs). Elles ne sont en aucun cas la réalité, et encore moins elles ne sont pas vraiment une partie de nous. Ce ne sont que des réactions de notre corps. Elles ont toujours eu pour but de nous protéger. Ne les laisse pas t'aveugler.

QUESTIONS CLÉS

Concernant tes croyances sur le bien et le mal...

Qu'est-ce qui t'a fait croire ça ?

Qui t'a fait croire ça ?

Quand as-tu commencé à croire ceci ou cela ?

Où as-tu commencé à croire ceci ou cela ?

Comment en es-tu venu à croire à ceci spécifiquement ?

Comment ces croyances t'aident-elles, te nuisent-elles ?

✍ EXERCICE No. 14 : écris ton journal

En voyage, tu prends des photos afin de rapporter avec toi des souvenirs des endroits que tu as visités. Au premier anniversaire de ton enfant, tu l'as filmé quand il a soufflé sa première bougie. Tu as immortalisé cet événement magique.

Écris un journal. Tu immortaliseras tes états d'âme, tes émotions et tes sentiments les plus profonds. Tu auras le vertige en te relisant et en revisitant les endroits et les événements intérieurs que tu auras vécus, mais que personne n'a réellement pu voir... sauf toi !

Sois le témoin attentif de tes réactions. Tu te connaîtras de mieux en mieux.

Écrire est thérapeutique et magique. Quand on commence, il est difficile de s'arrêter. Essaie. Ne t'arrête pas avant d'avoir écrit au moins trois pages. Ne te relis pas. Fais cet exercice pendant une semaine avant de te relire. Écris ce que tu as vécu dans la journée (ne dépasse pas 24 heures entre chaque moment où tu écris).

Qu'est-ce qui t'a fait plaisir? Qu'est-ce qui t'a rendu triste? Quelles peurs as-tu ressenties? Quelles culpabilités sont remontées à la surface?

✍ EXERCICE No. 15: écris tes peurs

Fais une liste de toutes les peurs que tu as en toi. Écris la date. Puis, prends le temps de réfléchir. Sept jours plus tard, reprends cette liste et relis-la. Si certaines peurs ont disparu, biffe-les; si d'autres se sont manifestées, ajoute-les. Puis, prends le temps de réfléchir.

Trente jours plus tard, reprends cette liste et relis-la de nouveau. Si certaines peurs ont disparu, biffe-les; si d'autres se sont manifestées, ajoute-les.

Refais le même exercice 90 jours plus tard. Recommence 360 jours plus tard.

Cet exercice te fera prendre conscience des peurs que tu traînes en toi. Tu verras que certaines sont persistantes et d'autres éphémères. Tu reliras la liste que tu as écrite au tout début et tu souriras. Que de peurs pour rien!

Un jour, j'ai fait cet exercice. Puis j'ai brûlé la liste. J'ai imaginé que mes peurs s'envolaient en fumée... Ça m'a fait du bien!

CITATIONS CLÉS

« La culpabilité est un sac de brique, pour ne plus la ressentir il suffit de poser ce sac. »

Pensée soufi

« La tolérance est la plus belle et la plus noble des vertus. Elle implique simplement qu'on accepte que d'autres ne pensent pas comme nous sans les haïr pour cela. »

Gandhi

« Pour les timides, sachez qu'il vaut mieux ne pas parler et avoir l'air con que de parler et le prouver. »

Auteur inconnu

« Il faut deux ans pour apprendre à parler
et toute une vie pour apprendre à se taire. »

Auteur inconnu

« Le fardeau de demain, ajouté à celui de la veille
et porté aujourd'hui... voilà qui forme un poids
qui fera fléchir même le plus fort. »

Proverbe chinois

« On ne ferait jamais rien si l'on attendait
de le faire assez bien pour que personne
n'y trouve à redire. »

Auteur inconnu

« La plus belle liberté qui nous est offerte,
c'est celle de choisir.
La liberté de faire des choix,
c'est par l'instruction. »

Auteur inconnu

« Les plus sévères vos jugements,
Le plus petit votre monde. »

Julie Dwyer

« Rien ni personne ne peut vous décourager
plus que vous ne vous l'êtes fait à vous-même.
Rien ni personne ne peut vous encourager plus
que vous ne vous l'êtes fait à vous-même. »

John F. Demartini

Quand l'intérêt est bas...

Où va mon REER ?
Les taux, c'est l'enfer !
Que va-t-on devenir ?
Avec vos taux, rien à faire !
J'ai besoin pour vivre
D'un intérêt décent.
À mon âge, c'est l'intérêt
Le plus important !
Comment vivre
Sans dépens
Si mon pécule
Ne dure pas longtemps !
Angoisse, anxiété
Par toutes les couleurs
Je suis passé.
J'ai peur,
Veuillez me rassurer.

Où va le monde ?
Que fait la société ?
Et la guerre, et l'emploi,
Qui va s'en occuper ?
Rassurez-moi
Je ne sais sur qui compter.
J'ai tellement ramassé
Tellement accumulé
J'y suis accroché.
M'en défaire
Rien à faire !
Plutôt mourir
Que de perdre mon REER !
Empêchez-moi d'y succomber
Car sur vous
Je puis compter.

Sixième clé : les douleurs de l'enfantement : résistez !

« Il en est de l'homme comme il en est de l'arbre. Plus il aspire à la hauteur et à la lumière, plus fortement ses racines doivent creuser dans la terre, toujours plus creux dans la noirceur, les profondeurs, dans le malin. »

Nietzsche

La sixième clé unit l'humain au divin, l'Homme à Dieu. Elle amène la volonté et le lâcher-prise au même diapason. Elle unit le chaos et l'ordre, ce que je suis avec ce qui est. Elle ouvre la porte du découragement afin d'amener à l'abandon. Elle nous montre nos limites afin de nous montrer un monde sans limite. Elle est le miracle de la Vie, les douleurs avant l'enfantement.

En période de doute intense, de chocs externes, tu apprécieras tes fondations. Tu te féliciteras d'avoir travailler tes racines. Le gland de chêne sera récompensé d'avoir creusé le sol par ses racines. Tu seras content de t'être engagé envers ton enfant, ton conjoint ou toi-même en faisant une promesse.

La frontière entre la certitude et l'incertitude... De quoi suis-je vraiment certain ? Peu importe l'avancement technologique, peu importe le degré d'évolution, on sera éternellement confrontés à cette frontière. À chaque jour qui passe, l'Homme connaît de mieux en mieux son environnement. Les télescopes sont plus puissants, les microscopes pénètrent aux confins de la matière, et pourtant... Cette éternelle question demeure insoluble : pourquoi ? Pourquoi la Vie ? Pourquoi la mort ? Pourquoi toutes ces souffrances ? Pourquoi toutes ces victoires ?

La volonté, la résistance, la persistance et la visualisation d'un but, d'un objectif ou d'un rêve sont fort louables et font partie de notre identité, voire même de notre spécificité en tant qu'espèce humaine. L'esprit humain peut tout ! Vraiment ? Décide-t-il de donner ou de prendre la vie d'un nouveau-né ? Décide-t-il de créer la vie à partir d'un grain de blé ? Décide-t-il du mouvement des planètes ? Une grande force organise tous ces phénomènes. La reléguer à l'arrière-plan relève d'une vision myopique de notre état. Oui, notre esprit peut accomplir des merveilles. Oui, notre volonté peut déplacer des montagnes... Mais dis-moi, qui a créé ces montagnes ?

Si tu penses que tout est perdu, que rien de bon ne peut arriver, alors tu décides que tu connais l'avenir. Or, nul ne connaît l'avenir. La seule issue logique est donc l'espoir !

Une méthode bien connue des forgerons pour tremper l'acier consiste à chauffer à très haute température l'objet que l'on désire endurcir, puis, de manière brusque, à provoquer un refroidissement très rapide en le trempant dans un liquide glacial. Une réaction s'ensuit et les atomes de carbone, qui composent l'acier, se cristallisent en une structure plus serrée et uniforme. Ils sont plus enlignés les uns envers les autres. Il y a moins d'aspérités et la surface devient ainsi plus résistante aux forces externes. Nous sommes un peu à l'image de l'acier: surchauffé ou refroidi par les épreuves, les obstacles et les problèmes, nous développons une plus grande résistance.

Le caractère se trempe devant l'adversité. Ne cours pas au devant de celle-ci, mais ne lui tourne pas le dos lorsqu'elle se présente. Sois à l'écoute de ta voix intérieure. Reviens à la base, et si ta voie se trouve en avant, si tu ressens que tu dois continuer, alors ose faire preuve de persévérance.

«Si vous étudiez un sujet qui vous tient vraiment à cœur pendant 30 minutes par jour, vous serez un leader dans ce domaine au bout de 7 ans.

Si vous étudiez 1 heure par jour dans ce domaine, vous serez un leader en 3,5 années. 3 heures par jour et vous serez maître dans un an. ...La plupart des gens ne prennent pas cette habitude».

Brian Tracy

Tu imagines le pouvoir de la trouvaille de Brian Tracy ? Si tu sais lire et que ton cœur est absorbé par un sujet quelconque, tu peux le maîtriser totalement en dedans d'un an grâce à une étude méticuleuse et approfondie. Peu importe le sujet. Grâce à l'Internet et à toutes les bibliothèques accessibles présentement, tu peux apprendre plus en une seule année que tes grands-parents auraient pu rêver de le faire pendant toute une vie !

La connaissance libère. La connaissance permet de faire des choix. Si tu ne sais pas quelles sont tes options, comment peux-tu choisir ? Prends le temps de bien ensemencer ces outils extraordinaires que sont ton cerveau et ton esprit. Donne-leur une bonne nourriture. Tout comme ton alimentation physique influence ton corps et ta santé, ce que tu ingurgites en termes d'idées se reflétera dans tes pensées, puis dans tes actions et finalement dans tes réactions.

Considère-toi comme une usine de transformation de l'information. Tu reçois de l'information. En partie, tu la sélectionnes, et en partie, elle t'arrive sans que tu ne l'aies vraiment demandée. Que feras-tu avec ces données ? Vas-tu t'y adapter ? Vas-tu foncer ? Vas-tu t'informer d'avantage ? Vas-tu demander conseil ? Que ferais-tu si tu dirigeais une grande entreprise et que tu doives prendre des décisions quant à son avenir ? T'entêterais-tu obstinément parce que tout a toujours été fait ainsi, ou tenterais-tu de t'adapter à des conditions changeantes, tout en préservant l'intégrité et la vision première ? Dirige ta vie comme si tu dirigeais une entreprise.

L'être humain craint la mort, d'une manière ou d'une autre. Ce peut être la mort physique, celle du corps. Ce peut être également l'oubli, le fait que notre passage sur cette Terre ne laisse aucune trace et que nous soyons oubliés d'ici quelques décennies, voire quelques années. Ce peut être la mort de notre identité. Sommes-nous vraiment qui nous croyons être? Que se passerait-il si nous découvrions que nos valeurs, nos croyances, n'ont plus leurs raisons d'être?

Imagine ceci: une grande compagnie achète une petite compagnie. Ça arrive à tous les jours. Les employés de la petite compagnie doivent maintenant se plier à de nouvelles règles. Ils travaillent désormais pour leur plus gros compétiteur! Horreur! Que se passe-t-il en chacune de ses personnes? Certains auront l'impression d'avoir été trahis, d'avoir travaillé toute leur vie pour une cause qui maintenant n'existe plus. Ils auront, à leur façon, la mort dans l'âme.

La sixième clé est celle de la foi, celle du test ultime envers nos convictions. Sommes-nous prêts à nous battre pour nos valeurs, pour notre rêve? Pouvons-nous résister à la tentation de la facilité, du confort, de l'absence de douleur?

Notre société nous propose de multiples moyens afin d'enrayer toute forme de douleur, d'endormir tout ce qui fait mal, autant physiquement que mentalement. Est-ce une bonne chose? Est-ce que tout peut être accompli sans la traversée d'un désert? Est-ce que le bien-être et le bonheur sont constitués uniquement de plaisirs, de confort, d'absence de douleur et de résistance?

Peut-on vraiment gagner sans risquer de perdre?

Lorsque tout est en ligne, lorsque tu es à l'écoute, lorsque ta direction est trouvée, alors ton rêve est en marche... Il est normal de vivre une période plus sombre, plus noire.

Même le navire le mieux affrété, dont l'itinéraire est tracé avec minutie et qui navigue à une bonne vitesse de croisière, peut, un jour ou l'autre, affronter une tempête. Doit-il remettre sa destination en question ? Doit-il remettre la navigation en question ?

Malgré la noirceur la plus inextricable de la nuit la plus longue, une simple chandelle éclairera toujours autour d'elle. La lumière vaincra toujours l'obscurité. Il ne fait jamais vraiment nuit. Ce n'est que la Terre qui révolutionne sur elle-même, et l'Homme peut ainsi jouer à cache-cache avec le Soleil.

QUESTIONS CLÉS :

Est-ce que je peux changer quelque chose
aux événements présents ?

Quelles sont les actions que je peux entreprendre
afin d'améliorer la situation ?

Quelles sont les personnes qui peuvent m'aider ?

Est-ce que je contrôle ma respiration
présentement ?

Quels sont les points positifs dans la situation
présente ?

Quelles leçons puis-je tirer des événements
que je vis ?

Quelles sont les qualités que cette adversité
me permet de manifester ?

À qui pourrais-je raconter cette histoire ?
Sera-t-elle inspirante ? Pourrai-je en faire un livre ?...
Et pourquoi pas ?

✍ EXERCICE CLÉ N° 16 : lâcher prise au pied de l'arbre

Trouve un endroit isolé dans la nature. Identifie un arbre grand et fort que tu aimes regarder et dont tu te souviendras facilement. Écris sur une feuille de papier tes désirs les plus secrets, tes rêves les plus fous, ce que tu veux faire de ta vie. Ce que tu peux à peine imaginer accomplir, écris-le, comme un roman dont tu serais le héros. Signe la feuille et inscris la date. Puis, fais une boule et enfouis-la au pied de l'arbre. Retourne à tes occupations et oublie cette boule de papier enfouie dans le sol au pied de l'arbre.

Attends quelques mois, quelques années. Repense alors à cet arbre et scrute ta vie. Ressemble-t-elle en essence à ce que tu avais écris ?

✍ EXERCICE CLÉ N° 17 : remplacer vos certitudes par des « peut-être ».

La prochaine fois que tu te surprendras à dire : « Je suis sûr que ça ne marchera pas. Je le sais, ça ne peut

JAMAIS aller comme je le veux. Il y a TOUJOURS quelque chose qui cloche.», efforce-toi de remplacer ces certitudes négatives par des *peut-être.*

«Peut-être que ça n'ira pas comme je le veux... mais peut-être que ça va aller à merveille?» «Il arrive souvent que quelque chose cloche, mais peut-être que cette fois-ci ce sera différent... *Pourquoi pas?»*

Les *«peut-être»* et les *«pourquoi pas»* sont des mots puissants. Ils te laissent au moins une marge de manœuvre, de l'espace... de l'espoir! N'oublie pas: nul ne peut prédire l'avenir, alors... pourquoi pas?

✍ EXERCICE CLÉ No 18: respire... sinon tu «restepire!»

Quand tout va mal, quand la panique a envie de s'installer, quand toutes les issues semblent bloquées, n'oublie jamais de respirer!

Je t'entends déjà me dire: «Mais je respire tout le temps, sinon je mourrais!». Je ne parle pas de la respiration de survie, mais de la respiration consciente et profonde. Tu inspires lentement par les narines en comptant jusqu'à 10. Tu retiens ta respiration en comptant jusqu'à 5. Puis tu relâches en comptant de nouveau jusqu'à 10. Tu attends avant d'inspirer en comptant jusqu'à 5. Refais cet exercice 5 fois et vois comment le calme s'installe en toi.

C'est un exercice très simple. Il te permettra de reprendre tes idées et d'éviter de faire de l'hyperventilation. Si tu respirais de cette façon du matin au soir, ta vie serait différente !

CITATIONS CLÉS

«La seule certitude, c'est que rien n'est certain.»

Pline l'Ancien

***«Nous pouvons tous conduire un bateau
quand la mer est calme.
C'est dans la tempête qu'on connaît le capitaine.»***

Auteur inconnu

«La certitude n'arrive qu'après les doutes.»

Auteur inconnu

«Je crois au soleil même quand il ne brille pas.»

Graffiti d'une victime de l'holocauste

« C'est seulement en donnant que l'on possède complètement. Tout ce que l'on est incapable de donner nous possède. »

André Gide

« Beaucoup de gens peuvent se faire illusion dans ce monde, uniquement parce que le sort ne les a pas mis à l'épreuve. »

G. Bessenyei

« La patience est la clé de toutes choses. Pour avoir des poussins, il faut faire couver les œufs, pas les écraser. »

Arnold H. Glasow

« Le malheur, ce n'est pas de perdre la vue, c'est l'incapacité de supporter sa cécité. »

Auteur inconnu

« La patience, c'est l'art d'espérer. »

Vauvenargues

« Je pleurais parce que je n'avais pas de souliers, jusqu'au jour où j'ai rencontré quelqu'un qui n'avait pas de pieds. »

Dicton persan

« La douleur du regret surpasse la douleur de la discipline. »

Auteur inconnu

Septième clé :
apprécie !
ce que l'on apprécie... s'apprécie !

Je crois que le deuxième ou troisième mot que j'ai appris à dire est «merci». Si quelqu'un me donnait un cadeau ou me faisait une faveur, ma mère ou mon père me disait inlassablement «Qu'est-ce qu'on dit ?». «Hmmmmmerci, j'suppose ?». On ne comprend pas, quand on est jeune. Plus tard, la Vie se charge de nous faire passer le message.

Tu veux plus ? Tu aimerais une autre maison, une autre voiture, un autre emploi, un autre conjoint ? Commence à apprécier ce que tu as. Apprécie ce que tu apprends grâce à ce qui est déjà dans ta vie. Tu as attiré tout ce qui s'y trouve. Il y a sûrement une raison.

Si un employé commence au bas de l'échelle et maugrée continuellement sur son sort, ses chances sont plutôt minces d'avoir une augmentation ou de connaître un changement de carrière. Par contre, s'il s'applique à son travail et y trouve du plaisir, il réussira mieux et sa position sera meilleure lors des négociations.

As-tu déjà donné un cadeau à quelqu'un sans que celui-ci ne te donne un véritable merci, tout au moins un sourire, un témoignage de gratitude auquel tu te serais attendu ? Quelle a été ta réaction ? As-tu envie de donner et de redonner à quelqu'un qui n'apprécie pas ce qu'il a déjà ou ce qu'il reçoit de toi ?

Pourquoi est-ce que La Vie serait différente de toi ? Pourquoi la Vie donnerait-elle toujours plus à ceux qui apprécient toujours moins ?

Sois prudent et ne confonds pas le bien-être matériel et l'état de bonheur et de plénitude. La richesse achète une maison, pas la chaleur d'un foyer. La richesse achète les médicaments et les médecins, pas la santé. La richesse achète des bijoux, des belles robes, des repas gastronomiques dans de grands restaurants, mais pas une compagne de vie qui t'aime pour ce que tu es. La richesse achète les jouets dernier cri, les camps de vacances exclusifs, pas les yeux aimants d'un enfant envers son parent. La richesse libère ton temps, elle ne le remplit pas...

Tu arrives nu. Tu repartiras nu. Tu n'emporteras rien avec toi. Personne ne t'accompagnera. Que restera-t-il de ton passage ici-bas ? L'Amour et la Gratitude seront les deux seuls éléments qui franchiront le seuil du passage avec toi. Aime et dis merci. Tu ne le regretteras jamais.

As-tu déjà remarqué cette ironie ? Quand une compagnie fait une mise à pied, elle dit : « Nous avons remercié tel employé... » Intéressant ! Pour lui dire merci, ils lui rendent sa liberté. Est-ce cela le vrai cadeau ?

Quand tu vas au restaurant, prends le temps de remercier chaleureusement celui ou celle qui te sert. Ne lui laisse pas seulement un pourboire. Exprime-lui ta gratitude. Regarde son sourire lorsqu'il ou elle sentira que ta gratitude est sincère.

Lorsque tu demandes l'aide d'une préposée par téléphone, assure-toi de la remercier intensément. Ressens cette énergie de gratitude qui traverse la ligne téléphonique.

Où que tu sois servi, porte attention à ton attitude. Prends chaque occasion qui passe afin de remercier ceux qui t'entourent. Que cela devienne une habitude. L'énergie qui se dégage de la gratitude sincère est puissante et impalpable. Si tu fais semblant, si tu feins la gratitude, les gens s'en rendront compte. Il en est de la gratitude comme d'un sourire : lorsqu'il est forcé, il n'est jamais aussi efficace.

Au fur et à mesure que tu manifesteras ta gratitude pour les moindres petits gestes posés par les gens qui t'entourent et que tu côtoies, offre aussi ta gratitude à la nature.

Prends conscience du chant des oiseaux à chaque matin. Ne ferme pas les volets et ne maudis pas leurs hymnes à la vie. Ils sont heureux d'être vivants et ils le chantent à tous ceux qui les entourent !

Tu demeures en ville ? Regarde les arbres et leur force. Ils poussent dans la pollution et souvent dans l'indifférence la plus complète. Imagine maintenant ton quartier sans aucun arbre, sans fleurs ni verdure. N'y manquerait-il pas un petit quelque chose ? Voilà au moins une raison de remercier la nature !

Et si cette septième clé que je t'offre servait à fermer la porte de l'appréciation ? Et si tout t'était indifférent ? Et si plus rien ne comptait pour toi ? Quelle protection formidable ! Plus personne ne peut t'atteindre. Tu n'as plus aucune attente. Tu deviens ingrat. Tu te poses la question : pourquoi moi ? La septième clé ouvre ou ferme la porte de la gratitude. Tu veux protéger ta personne et ne laisser aucun individu t'atteindre ? Sois indifférent. Ferme à double tour la porte de ton cœur et la gratitude.

Au contraire, si tu ouvres la porte de la gratitude, tu verras la beauté du monde. Tu t'y attacheras. Tu voudras y rester, tu voudras partager, tu voudras aimer... et tu aimeras.

Questions clés :

Quels moments ai-je aimés de ma journée ?

Quelles personnes m'ont fait du bien aujourd'hui ?

À qui ai-je aimé parler aujourd'hui ?

Quelles bonnes idées ai-je eues aujourd'hui ?

Qu'ai-je appris aujourd'hui ?

Quels sont mes projets pour demain ?

Qu'ai-je découvert sur moi-même aujourd'hui ?

Quelle étrange et belle coïncidence est venue illuminer ma vie aujourd'hui ?

✍ EXERCICE CLÉ No 19 : remercie pour cette belle journée

Tous les soirs, avant de t'endormir, trouve au moins un moment de la journée qui t'a plu et pour lequel tu pourrais exprimer de la gratitude. Cherche au moins une chose qui s'est bien passée ou que tu as appréciée. Si tu en trouves deux ou trois, bravo ! Si, par une magie incroyable, la journée entière s'est bien passée, alors c'est l'abondance ! Cette journée ne pourra jamais t'être enlevée. Elle est inscrite en toi. Elle a été vécue pleinement, et c'est formidable.

✍ EXERCICE CLÉ No 20 : écris une lettre de remerciements...

Écris une lettre de gratitude par jour à quelqu'un. Tu n'es pas obligé de l'envoyer à son destinataire. Ce que tu apprécies en l'autre, ce pourquoi tu lui es reconnaissant, c'est également à cette partie de toi-même que tu es reconnaissant. Tu apprends à t'aimer véritablement.

Aime tes ennemis. Comprends le message qu'ils t'envoient, et apprécie-le. Ce que l'on apprend à aimer ne dirige plus notre vie. Nous n'y réagissons plus.

EXERCICE CLÉ No 21 : 25 raisons pour aimer...

Quand une situation te désespère, te pèse sur les épaules et que tu ne peux voir le bout du tunnel, prends un bout de papier et écris : « Je n'aime pas mon emploi, voici donc 25 raisons qui devraient faire que je l'apprécie plus ! ». Et trouve ces 25 raisons ! Trouve pourquoi tu travailles à cet endroit. Il y a sûrement au moins une raison, sinon tu n'y serais pas !...

Tu es payé ? Donc, merci car tu gagnes ta vie.

Tu as des bénéfices marginaux ? Un horaire flexible ? Ton emploi te permet de ne pas te casser la tête ? Il te donne du prestige ?

Sois honnête et cherche. Si vraiment, pour aucune considération tu ne peux trouver une SEULE raison d'être à cet emploi ou de rester avec ce conjoint, la décision se prendra alors d'elle-même.

Je sais par expérience qu'il est difficile de trouver de la Beauté en tout. Quelquefois une situation est totalement injuste et il n'y a rien à faire. On ne peut se résoudre à dire merci intérieurement pour ce qui est vécu. C'est triste et ça peut arriver.

Quelquefois, ce sont des années plus tard que l'on se rend compte que tel événement a été bénéfique et qu'heureusement il est arrivé.

CITATIONS CLÉS

« On ne cueille jamais quelque chose avec les mains fermées. »

Auteur inconnu

« La seule façon d'éviter l'ingratitude est de ne rien faire pour personne. »

Auteur inconnu

« Être en paix avec soi-même est le plus sûr moyen de commencer à l'être avec les autres. »

L. de Leon

« Quand on ne trouve pas la paix en soi-même, il est inutile de la chercher ailleurs. »

F. de La Roche Foucauld

« Ce qui te manque, cherche-le dans ce que tu as. »

Pensée Zen

« Il n'y a personne qui soit né sous une mauvaise étoile, il n'y a que des gens qui ne savent pas lire le ciel. »

Dalaï Lama

« Dieu bénit l'homme, non pour avoir trouvé, mais pour avoir cherché. »

Victor Hugo

« Ce qu'il y a de plus beau en Dieu, c'est qu'il est tout-puissant, et cependant il ne s'impose jamais à personne. »

Mère Teresa

« Ce n'est pas Dieu qui est silencieux,
C'est nous qui sommes sourds. »

A.D. Sertillanges

« La foi, c'est d'avoir
assez de lumière pour porter ses obscurités,
assez de réponses pour porter ses questions,
assez d'expérience pour affronter l'inconnu,
assez de reconnaissance pour faire confiance
à ce qui reste à dévoiler. »

L. Evely

Un trousseau de clés du nom de « CHARLIE »...

Sept clés pour sept portes. Derrière chaque porte : un cadeau, un trésor. Sept portes qui me séparent de mon potentiel et derrière lesquelles je me cache, car j'ai peur de ne pas être à la hauteur.

Une première porte cache mes talents. C'est une porte que les paroles et les opinions des autres me referment au nez continuellement. La porte de mon capital.

Une deuxième porte s'ouvre à moi : celle de mon destin, de mon avenir, de ce que j'ai à accomplir. Certains la refermeront en affirmant que nous ne pouvons rien changer à notre vie. D'autres diront qu'il ne faut rien prendre au sérieux. Un commentaire m'affectera en me disant qu'il ne sert à rien de vouloir être un héros. On crucifie les héros une fois que leur flamme pâlit. Nul ne se souvient des héros quand leurs exploits deviennent lointains... Oui, mais moi je veux être le héros de ma vie. Je le fais pour moi, afin de me regarder dans un miroir et d'être content, d'être fier de qui je vois à chaque matin. Je serai le seul à savoir que je suis un héros. C'est le plus important. J'ouvre la porte de la mission, de la fierté, d'un but plus grand à accomplir, d'un projet à concrétiser.

«Reste ici, repose toi.» C'est la porte de l'action. Il est si facile de la refermer. Doucement et sans trop s'en rendre compte, on demeure sur le pas de la porte. On attend. On s'immobilise. On se laisse impressionner par toutes les images qui nous sont renvoyées. «Il y a beaucoup de travail à accomplir, la tâche est insurmontable... Plusieurs ont déjà essayé et se sont cassé la figure!» Cette clé débloque les énergies, force à l'action, ramène chaque élément à sa plus simple expression. Cette clé valorise le mouvement, l'action pure, en synchronicité avec les éléments qui nous semblent externes.

Maintenant que j'ai un but, que je ressens ma valeur et que j'avance... on dirait que je me sens seul, isolé. J'ai tellement à accomplir et on dirait que personne ne me comprend! Refuser de franchir la porte de la communauté, rester dans son isolement. La porte du réseau, du network. Le fameux win-win: je suis meilleur grâce à toi et tu es meilleur grâce à moi. Le partage des ressources, l'enthousiasme contagieux, les échanges d'idées et de contacts: tout ceci est essentiel afin de continuer à se développer et à grandir. La quatrième porte, celle de la communauté, de l'appartenance à plus grand que soi... nous mène rapidement et directement à la cinquième...

Les émotions: ces vives sensations qui ont le pouvoir de nous dévorer vivants et de nous propulser vers de nouveaux sommets. Cette porte est celle de la tempérance, de la sagesse, de la voie du milieu. Ce que nous ressentons n'est pas ce que nous sommes. Apprivoiser ses peurs, ses angoisses. L'être qui franchit cette porte doit apprendre à s'observer de l'extérieur. Il doit apprendre le détachement afin de conserver un esprit libre et éclairé. Les émotions sont de biens mauvais maîtres! Notre nature terrestre, biologique, nous oblige à passer par ces états. Notre conscience en sera affectée à tout jamais, mais notre contrôle n'en sera que plus grand. Survivre à ses propres émotions. Apprendre à dire: «Oui, merci; non, merci; c'est bien, merci». Fuir n'est pas une solution. Où iriez-vous? Dans quel état devrez-vous vous mettre pour oublier, pour sublimer? La psychologie pourra éclairer jusqu'à un certain point; par la suite, le côté spirituel/philosophique devra être pris en considération... Ce qui nous amène à la sixième clé...

Les douleurs de l'enfantement et le test de la foi... Voir et croire. Croire sans voir. Ai-je tout vu? Est-ce que je peux voir ce qui est important? Qui a raison et qui a tort en s'obstinant vers une voie difficile? La sixième clé est la plus obscure, celle où je perds tout contrôle humain.

C'est le Vendredi Saint. La Crucifixion. Je suis mon destin, mais je suis affligé. C'est l'initiation. La grande noirceur avant l'illumination. Le doute avant la foi. La mort avant la vie. La confiance en ce qui est, mais que je ne peux définir...

Puis l'alchimie, le Miracle, le silence... le Non-dit: je pleure. Les larmes de gratitude coulent sur mes joues... Je sais... j'ai compris que tout est Harmonie, Parfait. Le chant de la Vie tolère les silences, les énergies coulent harmonieusement en Moi. Je remercie le Ciel d'être vivant, j'ai de la Gratitude envers tout ce qui m'entoure... La Septième porte s'est ouverte devant moi... celle du Royaume des Cieux, un endroit, un lieu qui a toujours existé et dont tous les hommes ont parlé dans leurs légendes... J'y suis, je suis ce lieu... Mais pour y rejouer... je devrai oublier à nouveau ...

Maintenant que tu as 7 clés en ta possession, aimerais-tu avoir un nom pour t'en souvenir ?

CHARLIE !

C pour le capital le plus important qui soit : toi ! C est également pour **C**adeau.
Ce que tu es, c'est le cadeau que La Vie t'as fait. Ce que tu en fais, c'est le cadeau que tu offres à la Vie !

H pour **H**éros. Le héros que tu joueras dans ta vie et dans celles des autres en trouvant ta mission personnelle.

A pour **A**ction ou les actions que tu poseras afin de manifester ta présence et ta vision en ce monde.

R pour le **R**éseau, les racines, les relations qui font que tu n'es pas seul.

L pour **L**iberté de choisir. Choisir ta réaction face aux émotions que tu vivras tout au long de ta vie et de ton développement personnel.

I pour **I**nébranlable que tu seras devant l'adversité et les tests de volonté qui seront mis sur ton chemin afin de tremper ton caractère.

E pour **É**tat de grâce, être reconnaissant face à toute cette belle expérience de la Vie. E pour Exceptionnel.

Je te souhaite un bon voyage. Je te souhaite un formidable pécule, un rendement exponentiel sur ton capital le plus précieux que tu possédes : Toi !

Note au lecteur:

Les citations apparaissant dans ce livre ont été accumulées au fil des années. Dans certains cas, et cela malgré mes efforts, il a été impossible d'en retracer l'auteur. J'ai alors inscrit «Auteur inconnu». Si tu pouvais identifier l'auteur de une ou plusieurs citations, je te serais reconnaissant de me communiquer l'information afin que je puisse inclure la mention dans une prochaine édition. Toutes les citations sans guillemets sont de moi.

Pour **coaching** individuel,
demande de service pour **conférence** et **formation**
vous pouvez rejoindre Monsieur Poulin
aux coordonnées suivantes:

Pierre-Luc Poulin
C.P. 113
Trois-Rivières (Québec)
G9A 5E3

Téléphone: (819) 386-5409
Télécopie: (819) 386-5701

Courriel: *pluc-poulin@iquebec.com*

Site web: *http://www.pierre-luc.net*